오봉옥 시선집

달팽이가 사는 법

문학사계

시인의 말

이 시선집은 순전히 황송문 선생님에 의해 만들어졌다. 기획에서부터 작품 선정은 물론이거니와 해설이며 제작까지 맡아주셨으니 나로서는 그저 감사한 마음이 앞설 뿐이다. 이것도 시를 쓰는 복이라고 생각하니 '시의 길'을 선택한 순간이 새삼 돌아봐진다.

'해야 할 일'을 찾아간 벗들이 있었다. 그들은 멀리 가지 못했다. '할 수 있는 일'을 찾아간 벗들도 있었다. 그들은 꽤 멀리까지 갔다가 돌아왔다. 마지막으로 '하고 싶은 일'을 찾아간 벗들도 있었다. 아직까지도 그들은 다양한 색깔로 자기들만의 삶을 살고 있다.

돌아보면 난 詩作만이 '하고 싶은 일'이자 '할 수 있는 일'이었고, 나아가 그 안에 '해야 할 일'까지 녹여낼 수 있는 일이었다. 그런 점에서 '시의 길'을 만난 건 참으로 행복한 일이 아닐 수 없다.

엮인 시선집을 보노라니 거칠게 살아온 내 삶이 있는 그대로 드러난 듯해 부끄럽기 짝이 없다. 부디 이 시선집이 황선생님에게 누가 되지 않았으면 한다.

오봉옥 삼가

오봉옥 시선집 | 차례

시인의 말 • 3

Ⅰ. 눈물의 땅
  공놀이 • 10
  나를 만지다 • 11
  달팽이가 사는 법 • 12
  눈물의 땅 • 13
  편지 • 14
  은방울꽃 • 15
  해학 • 16
  노랑 • 17
  저 바람 • 18
  극락에 계시다 • 20
  이런 죽음 • 21
  민족식당 • 22
  책 • 23
  꿈속의 장난 • 24
  스핑크스 통과하기 • 25
  산화 • 26
  사진 • 27

늦봄 • 28
아내의 널뛰기 • 29
외로울 때는 • 30

Ⅱ. 엄니의 감옥
입술이 붉은 열여섯 • 32
구라실 점동이 1 • 33
구라실 점동이 2 • 34
불륜 • 35
이사 • 36
마지막 지하철 • 37
오늘의 노래 • 38
꽃 • 41
옥밥 • 42
옥문을 넘으며 • 43
핏줄 • 44
나 같은 것들 • 45
수산시장 • 46
고향 • 47
할머니 • 48
형 • 49
아내의 눈 • 50
성형미인 • 52
임이기에 • 54

강 • 55
큰아버지 • 56
면회 • 57
첫눈 1 • 58
첫눈 2 • 59
비 • 60
생신 • 61
강물 • 62
시 • 63
엄니의 감옥 • 64
아비 • 65
만경강 • 66
똥 • 68

Ⅲ. 강물에 띄운 검정고무신

단춘아재 • 70
제사 • 71
큰아버지 • 72
말없는 역사 • 74
홀로 남은 어머니의 잠 • 77
강물에 띄운 검정고무신 • 78
분단풀이 • 80
농군은 • 87
면사무소 총각이 말하기를 • 89

주산골 이야기 • *91*

Ⅳ. 아버지 – 서시 Ⅰ
  1. 붉은피 서리를 두르고 • *94*
  2. 만주벌 치달리던 당신은 • *99*
  3. 지리산에도 비가 내리고 • *102*
  4. 오월의 하늘을 • *108*
씻김굿 • *112*
제1장 중 7. 온 산하 불질러야지 • *115*
제3장 중 3~12 • *121*

해설 · 혁명적 낭만성의 情恨 / 黃松文 • *147*

I. 눈물의 땅

공놀이

한 아이가 학원도 가지 않고
달을 차고 논다.
발끝으로 톡톡 건드리다가
질풍처럼 몰고 가기도 하고
하늘 높이 뻥, 내지르기도 한다.
그 순간 달은 집으로 돌아갈까 하다가
저 혼자 노는 아이가 안쓰러워
다시금 풀밭에 통통통 떨어진다.
아이는 오늘
처음으로 세상의 주인이 되어
달을 차고 논다.
골키퍼가 되어 짐승처럼 웅크리기도 하고
패널티킥을 실축한 선수가 되어
연신 헛발질 하는 흉내를 내다가도
어느새 다시 골 넣은 선수가 되어
손가락으로 브이 자를 그리며
겅중겅중 춤추듯 걷는다.
어라, 언제 시간이 이렇게 되었지?
아이가 달을 숨겨놓으려는 속셈으로
공중으로 뻥 차올리자
구름 벗겨진 하늘이 그것을 날름 받아
시치미 뚝 떼고 하늘가에 내놓는다.

나를 만지다

어둑발 내리고 또 혼자 남아 내 몸을 만져보네. 얼마만인가. 내가 내 몸을 만져보는 것도 참 오랜만이네. 그래, 기계처럼 살아왔으니 고장이 날만도 하지. 기름칠 한번 없이 돌리기만 했으니 당연한 일 아닌가. 이제 와서 닦고 조이고 기름칠한들 무슨 소용이 있나. 내 몸 곳곳의 나사들은 붉은 눈물을 줄줄 흘릴 뿐이네. 필사의 버티기는 이제 그만, 급기야 나사 하나를 바꿔볼까 궁리하네. 나사 하나쯤 중국산이나 베트남산이면 어때, 벼락 맞을 생각을 하기도 하네. 어둠 속에서 난 싸늘하게 굳은 나사 하나를 자꾸만 만져보네.

달팽이가 사는 법

　나도 한때는 눈물 많은 짐승이었다. 이슬 한 방울도 누군가의 눈물인 것 같아 쉬이 핥지 못했다. 하지만 난 햇살이 떠오르면 숨어야만 하는 존재로 태어났다. 어둠 속에 갇혀 홀로 세상을 그려야 하고, 때론 고개를 파묻고 깊숙이 울어야만 한다. 전생에 무슨 죄를 지어 그런 천형의 삶을 살고 있는 것인가. 등에 진 집이 너무도 무겁다. 음지에서, 뒤편에서 몰래몰래 움직이다보면 괜시리 서럽다는 생각이 들고, 괜시리 또 세상에 복수하고 싶어진다. 난 지금 폐허를 만들고 싶어 당신들의 풋풋한 살을 야금야금 베어 먹는다.

눈물의 땅

여그서 죽을란다, 멀리서 돌아와 눈똥만치 작은
이 나라가 보이기 시작할 때마다 눈물다짐했었지
비록 일평생 밥이나 빌고 살았지만
허구한날 엎어지고 끌려가고 얻어터지고 살았지만
다시 태어나도 난 여그서 살란다
별천지가 따로 있더냐, 철마다 해마다 다르게 피어나는
저 산이 별천지더라 길 하나만해도 그냥 길이 아니더라
구부렁구부렁 걷다보면 구시렁구시렁 말도 거는 길이더라
어제의 꽃이 아니어서 게걸음을 하고
어제의 강이 아니어서 우두커니 바라보게 되더라
먼저 죽은 영혼들이 손짓을 하면
그의 무덤이라도 끼고 곁을 내주어야 하는
이 눈물의 땅, 그리고
논이 되어 밭이 되어 저녁 어스름이 되어 살다가
죽어선 그저 누군가의 밥이 되어도 좋을 나

편지

옛날에 꼰날에 방귀깨나 뀌는 사람들은 머슴을 시켜 서찰을 전달했다. 머슴은 서찰을 품고 불알에서 핑경소리 나듯 달렸다. 궁정에서는 말馬이 말言을 싣고 달리게 했다. 채찍이 획획 말의 옆구리를 휘감을 때마다 핑경소리는 더 요란했다. 딸랑딸랑딸랑, 말 목에 달린 방울이며 말과 파발꾼의 불알이 하모니로 울려대는 소리였다. 불을 뿜는 기차가 등장하자 핑경소리는 더 이상 필요치 않았다. 사람들은 다음날 화살처럼 날아온 편지를 읽을 수 있었다.

세상에나! 요즘엔 문자로 총을 쏘는 아이들이 많다. 새파란 처녀가 흔들리는 버스 안에서 친구랑 조잘거리며 화면도 보지 않고 문자를 쓰고 날린다. 손가락으로 통, 이 세상 이야기를 넘겨주고 손가락으로 통통, 저 세상 이야기를 되받는다. 총알처럼 빠르다. 안녕, 하는 순간 '안녕, 내일 봐'까지를 읽어내고 '그래'라는 말을 또 날린다. 세상에나! 잠시 졸다가도 그녀는 방아쇠를 당긴다.

그러거나 말거나 나는 딸년의 거듭되는 총질에 핸드폰부터 치켜든다. 여보세, 라고 말하려는 순간 '됐어'라는 문자가 다시 가슴에 와 박히고 나는 죽는다.

은방울꽃

눈물 그렁그렁 달고끌고 떠나가더니
은방울꽃 되었나

거기는 자식 셋 내지르고 죽은
제 사내 무덤이라지

거기 사니 좋겠네
은방울 달랑달랑 매달고
죽은 사내 흔들어 깨우니 좋겠네

사십년 동안 쟁여둔 말
보고 싶었다는 그 말
가슴 깊은 곳에서 이젠 꺼내겠네

죽어서라도 한번 만나야 한다더니

제 사내 무덤머리를 끝내 초록이불로 덮었다지
거기 함께 누웠으니 참 좋겠네

살랑, 살랑바람 불어도 진한 살내음을 내뿜고
비로소 가지런한 이도 하얗게 내보이며
배식배식 웃고 있는 당신

해학

　밀림의 왕 사자가 식사를 하시는데 얼룩점박이 하이에나 떼가 그 곁에서 얼쩡거린다. 사자가 날카로운 이빨을 내보이며 으르렁거려도 하이에나는 주위를 뱅뱅 돌 뿐 도망가질 않는다. 달려들면 아이고 무시라, 몇 걸음 물러난 척하다 다시 돌아와 어느새 밥상머리에 척 발을 올린다. 사자가 하는 수없이 살점 한 토막 입에 물고 자리를 비켜 준다. 하이에나는 비로소 회심의 미소를 지으며 살코기 속에 코를 박는다. 쩝 쩝 쩝 쩝, 곁에 빈 그릇이 쌓이기 시작한다. 물소의 살이 아무리 입에 살살살 녹는다 해도 그렇지 원. 집채 만한 물소가 한나절 만에 뼈만 남는다.

노랑

　시작은 늘 노랑이다. 물오른 산수유나무 가지를 보라. 겨울잠 자는 세상을 깨우고 싶어 노랑별 쏟아낸다. 말하고 싶어 노랑이다. 천개의 입을 가진 개나리가 봄이 왔다고 재잘재잘, 봄날 병아리 떼 마냥 종알종알, 유치원 아이들 마냥 조잘조잘. 노랑은 노랑으로 끝나니 노랑이다. 바람도 없는 공중에 보이지 않는 손이 있어 잠든 아이를 내려놓듯이 노랑꽃들을 내려놓는다. 노랑을 받아든 흙덩이는 그제야 발가락을 꼼지락거리며 초록으로 일어나기 시작한다. 노랑이 저를 죽여 초록 세상을 만든 것.

저 바람

　울엄니 어쩌다가 나를 밀어 올려놓고 어둠 속에서 캄캄하게 울었단다. 누가 있어 그 소리 들었을 터인가.

　나 아비도 없이 어스름 속에서 울컥, 울음을 걷어차곤 했다. 모두가 집으로 돌아가는 길이었다.

　엄니는 밤마다 빈자리를 깔았다. 누가 묻기라도 했는지 가끔 혼자서 대답도 하는 것이었다.

　소문은 소문을 낳는다. 한 소문은 가끔 수많은 소문을 불러오기도 한다. 울아비 죽기도 하고 살기도 하고.

　소문은 쉬이 죽지 않는다. 소문은 저 홀로 깨어 이 세상으로 건너오기도 한다. 나 아비의 영정 사진을 물끄러미 본다.

　상처가 깊을수록 풀뿌리를 길게 드리운다고 했던가. 울 엄니 터져 나오는 신음을 애써 삼키며 한 마디 내뱉는다. 염병할 놈!

어제의 강물 소리가 눈가를 흔들고 간다. 나 이제 저 인간을 보내기로 한다. 바람도 먼저 알고 인기척을 내신다.

극락에 계시다

노인 두엇 차에 올라 기사 양반이 젊네그려, 얼굴 한번 환하네그려, 알랑방구 뀝니다

기사 양반 입 쫘악 찢어지더니 구부렁 시골길 잘도 미끄러집니다

할말 다 한 노인들 지그시 먼 산 바라봅니다 아무렇게나 금 그어놓은 다랑논이 아이들의 뒷마당이 되어 스쳐갑니다

어느새 그 눈길 깊어져 저 세상 너머에 가 닿습니다 이 저 세상이 다 극락입니다

이런 죽음

　우리는 달빛과 달맞이꽃이 하는 은밀한 짓을 따라서 해보았습니다. 난 꼴린 달이 소나기빛을 쏟아내듯이 그녀 안으로 들어갔습니다. 자궁을 연 달맞이꽃이 쏟아지는 달빛을 마구 빨아들이듯이 그녀는 나를 삼켰습니다. 황홀이 교성을 먹어치우고 있었습니다. 혼미가 꼬리에 꼬리를 물고 혼미를 끌어당기는 밤이었습니다. 길이 가물가물 사라져가고 있었습니다. 그 길이 나를 앞질러 저 세상으로 막 걸음을 옮기고 있었습니다. 엄마의 젖무덤을 허우적거리다 잠이 든 아이처럼 고개를 파묻었습니다. 내 영원을 삼킨 그녀는 세상에서 가장 깊고 아늑한 굴을 가지고 있었습니다.

민족식당

접대원 동무들이 나와 노래와 춤 솜씨를 뽐내고 있었다. 이웃집 할머니 같은 지배인 동지가 멀리서 흐뭇하게 웃고 있었다. 나의 눈은 금세 고동치고, 나부끼고, 글썽였다. 요리사 동무나 주방장 동지의 딸이었을 터이다. 열 살 남짓 된 단발머리 계집애가 구석에 앉아 턱을 괸 손가락을 저도 모르게 잘근잘근 깨물면서, 제 손바닥의 지문이 갑자기 달라지기라도 한 것인 양 한참을 바라보기도 하면서 무대 위 언니들을 슬금슬금 훔쳐보는 것이었다. 내일의 저와 맞닿을 작은 다리 하나 조심스레 놓고 있는 것이었다.

책

책들은 계속 내동댕이쳐지고 있더구나,
한때는 핏방울처럼 뜨거웠던 자식들
한때는 칼날처럼 날카로웠던 자식들
고물상은 자질구레한 이삿짐을 올리듯이
표정도 없이 트럭 위로 내던지고 있더구나.
잊혀진 늙은 혁명가며
이른 나이에 요절한 작가며
어제의 나를 동여맨 눈붉은 전사들이
장작더미 쌓이듯이 쌓여만 가고 있더구나.
이제 누가 있어 나를 긴장시킬 것인가.
그 시퍼런 눈들 사이로 잠시 돌아가
나를 후려치고 올 수도 없는 일.
바닥에 흘린 책 한권을 들어 올리자니 울컥,
참고 참았던 눈물이 쏟아지더구나.
굴속에 숨어든 빛,
난 그 밧줄을 잡고 예까지 왔으니.
'새 책도 많네요',
숫눈 같은 책들이 쓸려가는 것을 보면서 또 마음에 걸리더구나,
내가 찍은 고단한 발자국도 행여 그럴 것만 같아서.

꿈속의 장난

첫사랑을 다시 만나다니! 내 안에서 뿌리로나 펼쳐 있어야 할 너를, 내 영혼의 강물에나 떠있어야 할 너를 다시 만나다니!

단발머리 새침한 그녀는 어디로 가고 마른 잎사귀처럼 가벼운 사람 하나 굳은살을 애써 감추며 이제 와서 알랑거리는 것인가.

예전엔 먹장구름 밀려와도 둥둥 따라가고 싶었는데, 아니 둘이서 한 몸이 되어 소나기처럼 퍼붓고 싶었는데 비가 내린 오늘은 으실으실 춥기만 하다.

이제 알겠다. 세상에서 가장 무서운 게 세월이라는 거. 기억의 창고야말로 찬란한 구속이라는 거.

스핑크스 통과하기

　슬로우 슬로우 퀵퀵, 봄이 오는 스텝이 달라졌다죠?

　내년 봄에 필 꽃 미리 보고 삼류 영화처럼 미련도 없이 떠나왔다죠?

　아직도 석유 때문에 전쟁을 하나요? 물 때문에 물불 안가리고 불장난을 치는 건 아니고요?

　남극과 북극 사이의 거리는 얼마나 되죠? 그 긴 흉터는 언제나 지워질까요?

　에이, 꽃 같은 새끼! 꽃과 좆 사이의 거리도 모르는 새끼! 넌 여기서도 도끼야. 네 자식 놈에겐 도끼자루를 쥐어 줄지 모르지만.

산화

바람 불어 좋은 날
이 세상 하직하기 딱 좋은 날
흰 철쭉 붉은 철쭉 서로 먼저 떨어져
나란히 나란히 누워 있다

이렇게 가벼운 떼죽음이 있다니
이렇게 환한 떼죽음이 있다니

꽃상여 나가 듯 둥둥 떠내려 온 놈
공중제비 하듯 뱅그르르 굴러 내린 놈
누구 하나 거꾸로 처박히는 법이 없이
똥고부터 땅에 대고 사뿐히,
미끄러지듯 발을 대고 사뿐히,

저 곁에 가 조용히 눕고 싶다

누가 와서 흔들어도 잠시만 쉿, 하고
저 세상으로 말없이 건너가고 싶다

사진

　내 기억의 창고엔 핏줄처럼 뜨거운 것들로 가득하다
　젊은 아비는 떡가루처럼 눈이 내려 짝다리 짚고 팡, 눈밭에 쓰러져 뒹굴면서 팡, 눈쌓인 나뭇가지 찢어지게 이뻐서 그 가랑일 찢으며 팡, 생피 닦아내며 환호성을 내지르고 팡, 결혼은 속박이어서 바람처럼 휑 떠나가며 팡,
　젊은 어미는 어미대로 연애는 연애일 뿐이어서 팡, 애비가 없으면 어떠냐고 팡, 사생아인 나를 낳고 혼자서 잘도 키우며 팡, 문신처럼 가슴에 새겨진 이름 어찌 없을까마는 애써 지우며 웃으며 팡,
　나는 나대로 아홉 살이 열 살이 되어 팡, 열아홉이 스물이 되어 팡, 그 뜨거운 핏줄 어디로 가겠느냐고 늑대의 혓바닥이 되어 팡, 그 차가운 핏줄 어디로 가겠느냐고 시라소니의 이빨이 되어 팡.

늦봄

두어 달 춘풍에 흔들리다보면
여체인 듯 부드러운 땅살도
봄자궁을 연다
그때부터 꽃잎들 나풀나풀 떨어진다
피어서 떨어지고
피다가도 떨어진다
황홀한 죽음이 따로 없다
복상사가 따로 없다
그 아늑한 굴헝 속으로 서로 먼저 빠져든다
나도 따라 룰루랄라,
저렇게 한번 죽어보고 싶은 봄이다

아내의 널뛰기

어쩌자고 담 밖을 보고자 했을까, 아내는
구르고 솟구치기를 반복하며 필사의 널뛰기를 한다
아들놈 과외비가 오를수록 퇴근 시간이 늘어지고 나도 따라
집 밖을 뱅뱅 돈다 노래방 도우미로 나선 아내가
2차를 뛰고 돌아와 잠든 아이를 흐뭇한 눈으로 바라보다 쓰러질 때까지
어둠 속에서 나는 또 이유없이 기다려야 한다
멈출 수가 없다
멈추는 순간 무너진다
아내는 꿈속에서도 널뛰기를 하는지 거친 숨을 몰아쉰다

외로울 때는

아름다운 것은 언제나 가슴에 있다.
외로우면 외로울수록 가슴에 박아둔 기억을 꺼내
불씨를 지펴보자. 다섯 살배기 난
원 투, 원투, 원투, 젊은 아비의 손바닥에
원투 스트레이트를 날리고,
젊은 아비는 아비대로 손바닥을 호호 호호 불며
엄살을 떤다. 그 곁에서 젊은 엄니는
밥이나 멕이고 또 놀아유, 므훗므훗 웃는다.
살아있는 것은 언제나 가슴에 있다.
오늘도 그곳에선 어둑발 내리고
젊은 엄니가 날 부르는 소리 담을 타고 넘는다.

II. 엄니의 감옥

입술이 붉은 열어섯

그녀는 동갑내기였다 입술이 붉은 열어섯
그녀는 꽃봉오리였다 하루라도 빨리 피고 싶어 안달하는
그래서 그녀는 날 숨막히게 했다
밤 몰래 담 넘어 올래?
초생달처럼 와선 문고릴 두 번만 잡아다닐래?
하여 치렁치렁 늘어트린 긴 머리칼 한쪽으로 묶어내리고
오자마자 나 어때 어때 하며 안겨들던 그녀는 고작 열어섯이었다 꽃봉오리였다

그녀는 동갑내기였다 입술이 붉은 열어섯
그래서 그녀는 날 숨막히게 했다
제 오라비가 쓸 신혼방이라며
쉬쉬하며 끄을고 가기도 했던

장롱 속의 새 이불 꺼내며
한 번도 쓰지 못한 그 이불 꺼내며
더럽히면 안 돼 안 돼 하며 목부터 끌어안던 그녀는
내가 미처 사내가 아니어서
내가 미처 사내가 아니어서
"야" 하고 소리를 지르기도 했던 그녀는.

구라실 점동이 1

색시는 색시였다 꿈만 같아서 잠이 오질 않았다
단잠에 빠진 색시만
보아도 보아도 웃음을 머금고 있을 뿐
초저녁잠이 많은 어메도 오늘만은
불을 끌 줄 몰랐다
색시야 색시야 보란 듯이 살자
이 나라 처녀보다 예쁜 색시야
중국서 왔으면 어떠냐 중국서 왔으면 어떠냐
내 한 목숨 널 위해 바칠 테다
구라실 점동이 밤새 주먹 쥐었다
달도 떠서 달도 떠서
점동이 쥔 그 주먹 다 보았다

구라실 점동이 2

점동이가 코 박고 있시야
야, 쭝국여자 잘 돌아가냐 하며
엉덩이 툭툭 쳐도
그저 히히 웃던 점동이가
오늘은 대밭머리에 코 박고 있시야
아픈 아닐 말인가
멀고 먼 낯선 땅에 덜렁 와서
젊은이 하나 없자 그 색시
사람이 있어야 살지요
사람이 있어야 살지요
달포 만에 도시타령 했다지 않나
아픈 아닐 말인가
시집온 지 한 달 만에 훌렁 떠나버렸지 않나

점동이 없는 포크레인이 어디 포크레인이던가

구신처럼 덜렁
대밭머리에 코 박고 서 있는 포크레인 보고
절동아재도 사평댁도 하는 말이
오메, 점동이가 아즉도 코 박고 있시야.

불륜

 내 스스로 머리 위에 땅땅 내려치는 장대비가 되어 너에게 가는 마음 뚝뚝 자르곤 한다 내 스스로 상처 속 군데군데를 헤집고 다니는 병균이 되어 너를 향한 마음에 다시 불을 지르곤 한다 하루에도 열두 번씩 세상천지에 죄 아닌 게 있던가 하고 달려간다 네게로 가는 가시울 너무 높아 핏빛 발자국을 찍다가도 아니지, 이게 아니야 다시 돌아서고 만다 그 홀로 돌아선 발자국 지우고 만다 그 흔적 속에 너도 첨벙, 빠져들까봐 그게 또 두려워서.

이사

아내는 애써 눈길을 돌립니다 밤짐을 싸며
낡은 보자기 우엔 남에게 얻은 옷가지며 바퀴 없
는 장난감 자동차가 말없이 차곡차곡 쌓입니다

그 곁엔 먼지 쌓인 책들이랑 한 시대를 자랑처럼
내달렸던 낡은 유인물이랑 괜한 코 휑하고 푸는 못
견디게 서러운 내 그림자도 있습니다

밤짐 속엔 온갖 죄 묶여 있습니다 대낮에 남 보란
듯이 저지른 죄 꽁꽁 묶여 있습니다

누가 지나간 날은 아름답다고 했습니까
누가 어둠 속에서만 희망이 있다고 했습니까

난 지금 허리통도 붕알 밑도 다 드러나서 숨기 좋
은 곳 찾아 하 떠납니다

아내는 애써 눈길을 돌립니다 밤짐을 싸며.

마지막 지하철

　오늘도 말이어라우 술 젖은 발바닥으로 신도림역 팔십사 계단 숨가쁘게 뛰었어라우 마지막 지하철을 타기 위해 기나긴 그림자 헐레헐레 끌고 정신없이 오른 것이지라우

　지하철이야 와서는 토악질만 해댑디다 서러운 이빨 내보이며 나 같은 것들 줄줄이 줄줄이 토해냅디다

　아따, 짐짝처럼 차곡차곡 쌓이면 어쩐답디여 낑낑대다 보면 집이사 나오것지라우

　글씨 창 밖 좀 봇시요 신문가판대에 기대어 세상 모르게 잠든 사람하며 가는 열차 막 놓치고 으흐흣 지독한 웃음 내뱉는 사람에 비하면 우리사 천당행 열차에 오른셈이지라우.

오늘의 노래

1
밤이 깊어도 더 깊어도 부끄러웠다
꼬랑내와 담배 연기로 범벅이 된 골방 아래
홀로 쪼그리고 앉은 밤
세 살 먹은 딸이 자다가도 끄르르 끄르르 기관지염을 앓는 밤이다
곁에는 지금이라도 아빠 하며 동그랗게 눈뜰 아이의 눈빛하며
아내의 지친 눈빛도 있나니
논둑 밭둑 그 어디거나 헤매었던 들쥐마냥
끝내는 지쳐 더는 헐떡이지 못하고
사지를 두더지처럼 웅크린
내 꼬락서니 쳐다보는 그 눈빛들 있나니
누가 그려놓았나 몰락하는 내 얼굴 내 손톱

그래 잊어버리자 지난날은 잊어버리자 해도 다가오는 손가락질.

2
돌아보니

나 혼자뿐이었어라
언 손 호호 불며
밤샘하던 이들 다 떠나갔으니
돌아보니
나하고 그림자뿐이었어라
큰 시암 골목 계단 오르내리며
주먹다짐하던 이들 다 떠나갔으니

그랬어라 사람들은
버거워 질질 끌어야 할
너무 버거워 이젠 버려야 할
낡은 내 모습만 달랑 남겨놓고
다 떠났어라 가르쳤어라.

3
밤이 깊어도 더 깊어도 부끄러웠다
  내리내리 내려온 괘종시계며, 새벽문을 두드리는 신문이며, 창문 사이로 빌빌 기어나오는 바람소리 하나에도 눈물이 난다
  나를 버려야 내가 살 것 같은 지금

쓰린 배 움켜쥐고 산발한 머리 쥐어뜯으며 다시금 되새김질하는 수밖에
 민중이니 조국이니 하며 자랑처럼 와와 내달리던 일하며
 두 눈 빛내며 내일을 기약했던 얼굴들이
 하나 둘 말도 없이 발을 감출 때
 쓴웃음이나 질끈질끈 물었던 일
 아니 어머니 같은 누님이 그 언젠가 늦은 밤로 다가와
 너만 남았구나 했을 때
 "아니야" "아니야" 똑같은 말을 두 번이나 하면서도
 이걸로 끝장인가 하는 절망이 스르르 또아리를 틀었을 때
 바로 그때를 생각하는 수밖에
 나를 버려야 내가 살 것 같은 지금.

꽃

아프다, 나는 쉬이 꽃망울을 터트렸다
한때는 자랑이었다
풀섶에서 만난 봉오리들 불러모아
피어봐, 한번 피어봐 하고
아무런 죄도 없이, 상처도 없이 노래를 불렀으니

이제 내가 부른 꽃들
모두 졌다

아프다, 다시는 쉬이 꽃이 되지 않으련다
꽁꽁 얼어붙은
내 몸의 수만 개 이파리들
누가 와서 불러도
죽다가도 살아나는 내 안의 생기가
무섭게 흔들어도
다시는 쉬이 꽃이 되지 않으련다.

옥밥

옥밥 한술 억지로 우겨넣다
생각하거니
엄니가 흙마당 멍석 위로 저녁을 나르실 때
풀물든 손을 툴툴 털어내던 아버진
어여 와 어여 와 하시었는데
그 엄니 오늘은 밥상머리 한 구석이 비어
된수저 치켜들다 울었는지
안 울었는지.

옥문을 넘으며

이제 울지 않을라네
새 한 마리 옥 너머로 날아갔다고
어머니처럼 오시었다 그냥 갔다고
때 절은 모포를 둘러쓰진 않을라네
동지를 남겨놓고 나 혼자서 달랑
옥문을 넘고서도
결코 울지 않을라네
열쇠꾸러미 치켜들고 다시 오기까지는.

핏줄

엄닌 세 번이나 기절을 했어
피 묻은 포승줄에 묶여
질질 끌려가는 자식놈을 보고 까무러쳤고
호송차가 떠나자 손만 내젓다가 까무러쳤어
엄닌 어둠산을 훌쩍 넘은
지아비가 생각나 또 까무러쳤지.

나 같은 것들

 열다섯 상고머리 시절엔 풀머리에 대롱대롱 매달린 새벽이슬이 난 줄 알았어
 스물하고 두어 살 시절엔 외로워서 슬퍼서 보조개가 깊은 가시내랑 밤새 술이나 마시며 살고 싶었고
 피 끓는 스물다섯 그 시절엔 조국이니 민중이니 역사니 그리도 큰 것들 어깨에 터억 걸쳐 메고 백리길 내달리는 내가 자랑스러웠지
 그런데 내 나이 서른댓쯤 되어보니 돈맛도 알겠고 곱빼기 술맛이며 이런저런 권력 맛도 알겠으니
 어쩐 일인가 세상 다 살았는가
 아님 가슴속 저 깊은 곳 양심 꼬랑지 같은 것이 반생을 더 끌고 갈지도 모르고

 지금 난 십 년 후 내 모습도 생각하고 있어.

수산시장

바다를 꿈꾸는 점농어 한 마리 수족관을 튀어오른다 그 등성이에 반짝이는 비늘이 비명 같다

엄마를 따라온 사내놈들 왕방울 같은 눈으로 우와 우와 소리지르고 견학온 계집애들 줄도미새끼 치어다보며 어미어머 소리지른다

이층 횟집 왕고참 찍쇠는 호객행위를 하고 얼굴이 까만 신참내기 가시내만 대낮부터 화장실을 들락거린다

물고기 한 마리가 무한천공을 넘나드는 세상이다 캐나다產 바닷가재, 인도네시아產 새우 …… 난 지금 중국產 농어 배달하러 간다

다락방 구석에는 때에 전 바지가 널려 있어서 새벽조의 한 소년이 그걸 베개삼아 드르렁드르렁 잘도 코를 곤다 그 소리가 마치 칼끝 같은 이 세상 다 알아버린 어른 같다 짐승 같다

고향
- 지역감정

고향하면 달이나 생각나지?
욕설이니, 술주정이니, 쌈박질 같은 것은 없고
앞산 뒷산에 그냥 달이나 덩실 떠 있을 것 같지?
아서라, 마지막 지하철을 타노라면
고래고래 술주정하는 놈들
영삼이 대중이 막막 부르며 맞장구치는 놈들 있어
고향을 느낀다
눈물 펑펑 나는 어머니를 느낀다
그런데 어느 잡놈이 슬슬 피하다
"전라도놈들!"
금속성 소리 내뱉고 지나가는고.

할머니

할머니는 쌍것이었다 죽어도 쌍것이었다
논이 되어 밭이 되어 허리 구부리고
살았을 뿐
시집은 시집이어서 하자는 대로
살림은 살림이어서 하자는 대로
절대로 쌍것인갑다, 여자인갑다 했을 뿐
"그건 안 되겠어라우" 한마디 못하셨다
하긴 전쟁터에 지아비 보낼 때도
곧 오마 하는 소리 들었을 뿐
감히 나가볼 생각 못했다
하긴 혼자되어 깔 비고 손 비고
똥장군까지 질 때에도
감히 재가는 꿈도 꾸지 못했다
할머니는 여자였다 죽어도 여자였다
하나 있는 손녀 시집 가는 길 위에서

오늘도 "남편 말에 복종 잘하고……" 하신다
두 번 세 번 눈물 찍으며 당부하신다

형

　형은 대학생이었어라우 혼자만 대학생이었어라우
　장마비가 끌적끌적 다 끝날 무렵 남 몰래 돈 타러 왔어라우
　엄니야 이것 좀 묵어봐라, 저것 좀 묵어봐라 난리를 피웠어라우
　이눔아 자수혀라
　낮게 낮게 마른침 삼키신 아비도 결국 등 돌리며 돈 세어 줬어라우
　형이 미웠어라우 혼자만 대학생이었어라우
　아니지라우. 그 잘난 입으로 해고노동자라 했어라우
　엄니의 다 닳은 무릎뼈나 알고 그러는지
　아비의 구부정한 허리나 보고 그러는지
　손바닥이 열 자나 닳은 나에게
　노동자가 아닙네 해도 노동자인 나에게
　계급이니 노동이니 주먹 쥐고 말했어라우

　노동자는 뭔 놈의 노동자
　일 년 만에 해고된 형이 더 미웠어라우

아내의 눈

1
아내가 누렇게 뜬 얼굴로
죽은 아이를 낳았습니다
뜨다 만 그 눈을
울음소리 한번 없이 다문 그 작은 입술을
죽어라고 낳았습니다
세상에 이럴 수가
아내의 눈을 보니
보일 듯 말 듯 어두워만 가는
산기슭 같은 데서
홀로 서 있는 것 같았습니다.

2
영양실조라니요
못난 시인 만나
죽은 아일 낳았다니요
부르르르 떨고 있는 아내를 달래다가
그만 와락 안고 울어버렸어요.

3
내가 바로 한 여자의 지아비란 말인가
반지하 다섯 평 골방에서 핏기 하나 없이 무너져 내리도록
난 뭐 했을까 뭐 했을까
아내의 발꿈치도 못 헤아린 내가
다시금 반지하 어둠 속으로
한 걸음만 더
한 걸음만 더 하는 내가
정녕 한 여자의 지아비란 말인가.

성형미인

성형외과에 가본 적 있는가
열댓 살 계집애들 무더기로 몰려와
누구처럼 해주세요, 나도요 나도요 해쌓는 거 본 적 있는가
그때 난 이런 상상을 했다
이 땅을 백인이 아닌 흑인이 점령했다면 어찌 되었을까
그래서 검은 것은 아름답다 아름답다 아름답다
뿌린 만큼 거두어주는 흙을 봐라
그 거짓 없는 흙을 봐라
흙은 바로 검은 것이지 않니?
그러니 검은 것은 아름답다 아름답다고 사상교육을 시키면서
TV에 나온 백인들은 죄다 죄인처럼
또 흑인이란 흑인은 다 정의감에 넘치는 선남선녀들로 만들어
오래오래 보여주었다면
아 정말 그랬다면 이 땅은 어찌 되었을까
"입술 좀 뚝뚝 까주세요"
"코도 좀 벌렁벌렁 넓혀주세요"
"살갗도 좀 까맣게 해줄 수 없나요?"

고 계집애들 우르르 성형외과에 몰려와 안달하지 않았을까.

임이기에

임이기에
발목까지 엎드렸지
떠나지만 말아주길 빌고 또 빌었지
임이기에
한 번은 돌아보지 않을까
한 번은 손짓이라도 하지 않을까
십 년을 목을 빼고 기다렸지
임이기에
밤마다 꿈을 꾸지
와서는 눈물이 되고
와서는 꽃이 되는 임이기에
또 십 년을 기다릴 작정이지.

강

저 강이
강일 수 있는 것은
사람이 살기 때문이야
말하자면 흙 묻은 볼로 쪼르르 뛰어와
고사리 같은 손을 담글
서울서 온 손주녀석이 있어 강인 셈이지
밥 짓는 소리도 여즉 있고
냉잇국 한 번에도 물론
한술 떠봐 떠봐 하는
사람 사는 재촉이 있어서 강인 셈이야
그런데 말이야
우루과이라운든지 뭔지 우르르 몰려와서
우리네 농군들 모두 몰아낸다면
저 강
어찌 강일꼬.

큰아버지

차마 차마 하다가 찾은
아파트 경비실
세배 올린다고 무릎 꿇었더니 큰아버지
흙처럼 까만 눈물 글썽이신다
그 눈물 사이로
"선산을 두고 어디를 떠나!"
흙담을 넘어간 그 불 같은 소리
감꽃도 놀라 후두둑 지는 그 소리
들릴 듯한데 들릴 듯한데.

면회

뺑기통에 앉아 서럽게도 울었나 보다 옥창에 기대어 발목만 슬쩍 담근 햇살이 정색을 하며 등을 돌린다.

감방에는 삼 년을 선고받은 절도범이 태평스럽게 코까지 골며 낮잠을 자고 건너 사동을 비껴보니 학생들이 좁은 옥창에 얼굴들 내밀고 조국이니 사상이니 하며 사랑싸움을 하고 있다.

지금쯤 면회를 마친 엄닌 무거운 몸 질질 이끌고 옥너머로 걸어가실 게다. 누가 쉽게 죽냐고, 난리를 세 번이나 겪은 몸이라고 주절주절 걸어가실 게다.

나는 지금 붉은 딱지로 사형 날짜 앞두고도 오히려 면회온 엄니부터 위로하셨다는 그 옛적 아비가 무지무지 보고 싶다.

첫눈 1

첫눈이 나리면요
소구루마 끌고 간 아비, 짐꾼인 아비
눈길에 미끄러지면 어쩌나 웅덩이에 빠지면 어쩌나
동구 밖 길 보다 보다 잠이 들었어요
장사 나간 엄니, 과일행상 울 엄니
얼어붙은 사과 다 못 팔고 눈물바람으로 오실까봐
자다가도 함께 울었고요.

첫눈 2

첫눈이 나리면요
나만한 애들 몰려나와 와와 소리지르고요
누나만한 계집애들 어머어머 껑충거려요
우린 두 발을 동동거리는데
꽁꽁 얼은 사과 누가 사갈끄나
엄니도 저만치서 동동거리고 섰는데

난 첫눈이 싫은 열다섯
두 살 터울 누나도 첫눈이 싫대요.

비

옥마루에 누워 떨어지는 빗소릴 들었어

동무처럼 손을 꼬옥 쥔 절도범 김씨도 이야기 이야기 하다 잠든 이 밤에
자전거 한 대 훔친 중국집 배달원도 저 혼자 눈물 흘리다 숨죽인 이 밤에

옥창을 마구 흔드는 빗소릴 들었어

무서웠어 얼굴에 좍악좍악 붉은 줄 긋는 소리 같았거든
식식거리며 다가오는 가위손 같았거든

때 절은 모포 속으로 기어들어갔어
내 아들도
내 아들의 아들도
쇠사슬에 목이 조여 살 것 같았거든

온몸을 부르르 떨다가 주먹을 쥐었어
나를 버려야 내가 살 것 같았거든.

생신

엄닌 밤새도록 물을 긷더니 뒤안 모퉁이에 앉아 찬물만 듬숭듬숭 온몸에 퍼부었어요.

엄닌 찬물 한 사발도 조선장에 버무린 산나물도 오래 오래 묵혀둔 곶감도 두 손으로만 고이고이 올려 생신상을 차리다가 촉촉히 젖은 눈시울일랑 아무도 모르게 훔쳤지요.

엄닌 겨울산을 훌쩍 넘은 아비가 북으로 가서 살아있을지도 모르는데 어찌 이게 제사상이겠냐며 생신상이라고 생신상이라고 나에게 몇 번이나 다짐을 받아내기도 했었지요.

그런데 말이에요. 엄닌 삼월 삼짇날 시집 온 이야기하며 비녀로 쪽을 찐 이야기하며 아비를 처음 본 이야기를 하다가도 이눔아 늬 아비 반만이라도 따라갈 수 없냐며 억지성을 내기도 했단 말이에요 내 나이 고작 열두 살 때에.

강물

강물이 그냥 강물이더냐
흐를 줄 알아 강물이지
다 버리고 흐를 줄 알아 강물이지
그림자 하나 남기지 않고
남 모르게 남 모르게 흐를 줄 알아
강물이지

흐르지 않는 것들 다 와서 봐라
그 무엇하나 버리지 않고
제 욕심만 챙기는
죽은 것들 다 와서 봐라
강물이 어찌 강물인가를

오늘도 강가에 찌꺼기들 떠 있고
강물은 또 쉬임없이 흐른다
나 같은 것들 다 와서 봐라.

시

초겨울 바람에 부르르르 떨고 보니
시쓰고 싶다
그 옛날 콜레라에 걸린 아이처럼
덕석말이로 마당 한가운데 누워
피가 질질 흐르도록 덕석만 할퀴다가
제 몸 위를 소가 쿵쿵 뛰어다니는 소리에 다시 놀라
까무러치기도 하다가
끝내는 온통 땀에 젖은 작은 몸으로
그 무서운 병을 툴툴 털고 일어나 히히 웃는
마치 그런.

엄니의 감옥

내가 고작 감옥문 한 번 두드린 사람이라면
엄닌 평생을 두고 두드렸던 사람입니다
말하자면 먼저 간 지아비 못 잊어
삼백 날을 꼭두새벽으로 일어나
비나이다 비나이다 이 목심도 가져가게 비나이다 하고
숫제 온몸으로 빌었던 사람이니까요.

아비

연탄장수 울 아비
국화빵 한 무더기 가슴에 품고
행여 식을까봐
월산동 까치고개 숨차게 넘었나니
어린 자식 생각나 걷고 뛰고 넘었나니
오늘은 내가 삼십 년 전 울 아비 되어
햄버거 하나 달랑 들고도
마음부터 급하구나
허이 그 녀석 잠이나 안 들었는지.

만경강

강아, 밀물이 들어와
바닷물도 갈매기도 따라들어와
끼룩끼룩 손짓을 해도
이름을 마구 불러도
그저 흐르고 있는 만경강아

강안개로 덮인 네 이마엔
아픈 상처 아슬아슬 숨어 있어라
섬놈들 우르르 꽝 몰려와
쌀 몇 섬 더 앗아가려는 수작으로
네 허리 듬썩듬썩 잘라내
억지땅 만들 때에도
바지게 꾸역꾸역 지고 부역을 하는
등짝이 야윈 울 아비들부터
오래오래 다둑였던

강아 만경강아

오늘도 강 건너 산밭에서 돌아온 사람들
흙 묻은 채로 나룻배에 올라
종일 일한 곳 휘이 돌아 짚어보며

낮게 낮게 한숨을 내쉬어도
강물 한줌 이마에 얹고
다시 다가올 날들 가슴 졸이며 생각해도
너는 어느새 살붙이가 되어 가만가만
함께 흐를 뿐
다만, 아무 말도 없어라.

똥

설사도 똥이라고 석삼 년을 누다 보니
이 몸으로 무얼 하겠나 싶은 게
내리내리 부끄러웠거늘
오늘에야 누런 똥 누고 보니
옹골지구나 그놈
날 닮아 어미 속 어지간히 끓인 놈
속이 다 타서 없어지것시야 할 때까지
속 썩인 놈.

III. 강물에 띄운 검정고무신

단춘아재
― 아버지 6

낮엔 지서 가서 보초 섰지요 빨갱이 습격 때문에 왼종일 보초 섰지요 아니지요 토벌대 나으리가 무서워서 보초 섰지요 지서 뒷마당에 묶어둔 송아지도 지키고요

밤엔 날이 새도록 구덩이 팠지요 군인들 오는 길 막겠다고 구덩이 팠지요 그러고도 모자라 길가에 숨어서 보초 섰지요 경찰들 오면 검은개 온다 군인들 오면 노란개 온다 제기럴 밤새도록 개 온다 소리쳤지요 아니지요 빨갱이들 무서워서 소리쳤지요

지금도 단춘 아재는 여당 사람들이 와서 표 찍어 달라면 아믄요 그래야지요 굽신거리지요 야당 사람들이 와서 찍어 달라 해도 아믄요 아믄요 그래야지요 굽신 굽신거리지요.

제사
― 아버지 7

꼬막손 돌이가 진달래 한아름 꺾어와선 상 위에 사알짝 내려놓더니 아버질 보네요 까만 너털웃음으로 여기저기 굽어보는 낡은 사진을 보네요

읍내 나간 누이야 연탄 똥구멍에 사내끼 묶어 들고 와선 밑불을 지피더니 명태를 뒤적거리고요

어머닌 쌀 한 주먹 얻으러 갔지요 그래요 오늘만은 쌀밥을 한다지요 보리쌀 밑에 깔고 쌀 한줌 우에 얹어 쌀밥 한 그릇은 만든다지요

산달이 슬슬 먼발치서 떠서는 어디 보자 어디 보자 구석구석 어둠을 몰아내네요 도둑놈순사잡기 놀이에 정신없는 아이들이야 서로 먼저 순사를 잡겠다고 난리고요.

큰아버지
― 아버지 11

말도 마라
자식이 자식이기를 거부하는 밤이었지
차라리 늙은 어멘
얼어붙은 손마디로 밤 보따리 묶어놓고
이눔아 가면 언제 오냐 하실 때 큰아버지
저 산이 부른다손 가고나 싶었을까

말도 마라
여인이 여인이기를 거부하는 밤이었지
솟으려다 꺼진 배 꺼지려다 솟은 배 쥐어잡고
서리꽃 이마 우로 한뭉텅씩 하혈을 쏟으니
돌아보면 피 적신 풀꽃마다 으으으 살 떠는 밤에
여보 당신만이라도 가시라며 큰어머니
바로 저기 저기를 앞에 두고
긴 산허리 끝내 못 돌고 주저앉는 밤

말도 마라
생명이 생명이기를 거부하는 밤이었지
산까치도 울다 지쳐 까치꽃이 된 자리
어메가 누운 산 가상 바로 그 자리에서
뽑아낸 핏덩이 울음없는 애기송장은

아 누가 있어 보았다 하고
누가 있어 못 보았다 했으리오

말도 마라 어김없이 총소리가 났다지만
살 보탄 어깨끼리 목놓아 휘감은 두 사람은
아니 그 애기
엄마품에 꼭 안겨서 목 잘린
죽어서 다시 죽는 송장애기

말도 마라
어느 누가 묻어줄 수는 있었으리
형제가 형제일 수 없는
이웃이 이웃일 수 없는
나 아니면 모두가 적이어야 하는 밤
감히 인간이 인간이기를 거부하는 그런 밤에

오늘도 술 늦은 울아부진
어쩌다 미치지 못해 구시렁구시렁
니네 큰아부진 빨갱이였시야
배가 고파서 됐진 빨갱이였시야 하시지만
말도 마라.

말없는 역사
— 아버지 15

아버지여
간도땅으로 쫓겨갈 땐
백두산 천지 물먹으러 가지 하시던
맨손으로 돌아와서도
어허 고향땅 거느리는 상팔자시 하시던
묻지 마라 갑자생 아버지여
보리 갈아 보리죽이요
쑤시 갈아 쑤시죽 먹을 땐
어따 훌훌 잘 넘어가서 좋다 하고
누룩나무 껍질이나 칡캥이나
아무거나 캐어서 절구통에 찧어 먹을 땐
어따 씹는 맛이 제일이시 하시던
아버지여 아버지여

언챙이 밤팽이 산머슴들 모여
온밤을 수군덕거리더니
난리가 나고
아랫마을 최부자가 죽었더라
둔동마을 너른 땅 아이고아이고 다 남겨놓고
빌려준 돈 다 못 받아놓고

배보양만 최부자가 죽었더라
누가 울어나 줄까 아짐씨들
산밭에 앉아 노닥거리고

미친개들이 컹컹 마을을 짖고
토벌대다 토벌대다 아이들이 허둥대면
산으로 산으로
애기를 놔두고도 오르고
이고 온 물동이도 내던지고 올라가버리는 사람들
앉은뱅이 병신만 남아
반란군 따라다니다 발이 얼은 새끼라며
개머리판으로 맞아 죽었는데
열여섯 순이만 남아
반란군 첩자라며 대밭으로 끌려갔는데

아버지여
삼십년 지게목발 두드리며
끄덕끄덕 산에 오르는 아버지여
토벌대가 되고 싶다던 아이를

대나무가 갈기갈기 실처럼 찢어지도록 때리고선
말도 마라 이눔아 하며
휑하니 앉은뱅이 시신을 지게에 싣고
흙 묻은 삽 하나 들고 그날도 산에 오르던 아버지여
뉘는 무던헌 사람이라고도 하고
뉘는 속깊은 사람이라고도 한다지만
돌아와선 말없이 새끼를 꼬는 아버지여
그 무던 손으로 한 타래 한 타래
색시같이 새끼를 뽑는
말없는 신음이여.

홀로 남은 어머니의 잠
— 아버지 26

헐운 옷자락 아픈 듯 여매고도
물감자 무시루떡 내음 마음껏 내뱉으며
오늘은 잠 속에서 깊은 춤을 추는 모양
햇살 한줌 지친 외로움으로 만지듯이
맨발로 뒤척뒤척 빈 이불 안다가도
찌렁찌렁 코를 골며 무슨 말을 하려는 듯이
후여후여 삼베이불 걷어차기도 하는 것이
오늘은 꿈속에서 오랜 춤을 추는 모양
웃음을 짓는 듯 웃음이 분명 아닌
울음을 감추는 듯 울음이 분명 아닌.

강물에 띄운 검정고무신
― 아버지 27

어디로 갔을까
쇠부지땅으로 코빼기 구멍놓고
앞뒤꼭지 빼딱 꽈 놓으면
엄연히 강 가운델 자리잡는 내 작은 배
어디로 갔을까
술 저문 아비가 둥둥 노저으면
고운 엄닌 누워서 맨발로 꿈을 꾸는

그럴까 멈칫멈칫 떠난 아비
손목덩이 걸겠다고
그럴까 질레질레 떠난 누이
발목덩이 걸겠다고
밀물지는 강물 따라 멀리멀리 떠가다가
그럴까 그만 영영 따라간 것일까

어디로 갔을까
아비는 아비대로 사립문 열지 않는데
누이는 누이대로 사립문 열지 않는데
어디로 갔을까
곤백날 지 몸을 허옇게 가르고도

오늘사 한짝만 깊은 곳간 틈서 눈떠 있네
어쩌면 말없이 기다리다 때주름 풀어놓은
여기 울엄니같이
너 홀로 남은 검정고무신이여

그럴까 곰삭은 네 얼굴
아프도록 씻어서는
토방마루 못걸 우에 사알짝 걸어놓으니
다시금 안달하네 찌렁찌렁 코를 골며
배 대어라 노 저어라 둥둥

앞서거니 아비 찾아 가보자 하네
뒤서거니 누이 찾아 가보자 하네.

분단풀이
― 아버지 31

1
그리여 울아비는 말이여
삼십 년 땡볕 아래 배곯음 아래
몇 평 갈라진 논바닥 더듬으시곤
그 숱한 풀 비어
논바닥 우에 깔았던 거여
어따 너만은 뒤엄이 되어라
어따 너만은 뒤엄이 되어라고

글씨 우리들의 가여린 아비사
주인나리 발바닥 밑
논으로만 오셔놓고
지 땅 하나 없이
논으로만 사시다가

껄껄한 큰기침 한번 에취 에에취 못 뱉고
숨죽이며 길게 누워 우는
논으로만 가신 거지

2

 그놈의 시상이야 좌익입네 우익입네 지랄법석이다 지만 상머슴 울아비사 농사가 제일잉겨 밥이 제일잉겨 지 논 한뙈기라도 있어 아들 나고 딸 나고 도란도란 살아보는 게 제일이었덩겨

 그란디 뭐여 해방이 다 뭣이여 나이 어린 아내가 삼백날 손비비던 피아골산 석신님이 아이고아이고 고개 돌리더니 아랫마을 최부자는 여전히 부자잉겨 왜놈 앞잡이야 여전히 당당하고

 그리여 무식한 울아비사 뭐 알겄어 이놈의 땅덩이가 두 개로 쩍쩍 갈라져도 여전히 좌익입네 우익입네 해싸니 뭐 알겄어 산머슴들만 모여 삼십년 허기진 세월을 다 보내고 이제사 속닥속닥거리더니 밤몰래 쌍봉에 오를지면 웃사람들이야 허기좋은 말로 빨갱이 새끼들 빨갱이 새끼들이라고 나불나불거리는데 무식한 울아비사 그 사람덜 마음까정 뭐 알기나 하겄어

그란디 냅다 전쟁이 터진 거여 쳐들어왔는지 쳐들어갔는지야 울아비가 알 바 아니어서 모르지만 핫바지 군인덜이 여그까장 와서는 곧 우리덜 시상이 온다 하니 울아비사 밤잠을 설쳤겄지 그리여 대포소리 총소리가 너른 논밭뙈기 엎어묵을 때 울아비사 얼른 전쟁이 끝나면 내 땅 한번 일구리라 큰맘 한번 고쳐 묵었겄지 어따 걱정마라 주저주저 총들어놓고

3
그리여 나는 말이여
날 때부터 노동자잉겨
빨갱이 가족이라고 내몰린 울엄니 가슴팍이야
산머슴 아내로 기어기어 살았다가
팔도땅 헤매던 과부살이로 쫓기더니
이젠 설움빛으로
때주름 피주름 속주름만 남았제
어쩌겄냐 이놈이야
그런 울엄니 가슴팍에 한평생 짐이 되어

뼈빨고 피빨고 땟국물 흘리더니
이젠 노동자가 된 거여 아믄
저승꽃 깊이 쾌인 싯누런 울엄니 얼굴
시들시들 하루가 멀다 꺾어져갈 때
야근 특근 주저않는 노동자가 된 것이여

살아야제 아픈
남은 사람덜끼리 아프게 살아야제
그리여 나는 말이여
날 때부터 노동자잉겨

4

작업이사 반나절은 꼬박 앉아서 반나절은 꼬박 서서 기계처럼 손가락 발가락 움직이는 일이제 "야! 딴 생각 하덜덜 말어" 하는 반장놈 말소리야 "야! 정신덜 차려 손가락 날아갉께" 하는 소리이고 그리여 잠시나마 쉬는 시간대에 오줌눌 틈도 없이 쏘아대는 반장놈 잔소리야 대충 이런 것이지 "우리 회사도 곧 자동화 시스템을 갖출 것잉께 행여 파업이니 농성이니 생각도 말라"는 해고 공갈 같은 것이지 그란디 엊그제 흑백 TV에서 금성 테크노피아 고감도 어쩌고저쩌고 로보트가 나와서는 사람처럼 척척 일하는 장면까지 떠오를때면 그리여 어쩐지 궁짝이 맞는 공갈이라고 쓸쓸히 웃기에는 야근 특근 뺑이치며 아무리 생각혀보아도 어쩐지 무섭기만 하제

그리여 야근이라는 도장을 꽉 눌러 찍고 공장문 나서면 아무도 없제 빈 거리 찬 새벽에 시린 바람만 내놓은 노동의 가슴팍을 휑 핥고 지나가제 그래그래 아무도 없는 거여 지난 밤 찬 손을 호호 불며 사장

님 아저씨 하며 구겨진 작업복을 끌던 열아홉 순이들도 모다덜 어디론가 떠나갔고 저만치서 반짝이던 네온싸인들도 이제는 어둔 등짝만 칼날처럼 감춰놓았제 그리여 누가 불러나 주나 먹장하늘엔 외론 별 하나이 하늘가에 떴기에 어서 와 어서 와 울며 부르면 서러움이 어느새 노여움이 되고 노여움이 어느새 서러움이 되고 마는 노동자의 가슴이여 외론 별이여 그나마 지나쳐 뒤돌아 별을 보면 흡사 나를 남겨놓은 것 같은 몰골이여 흡사 나를 부르는 것 같은 아버지여 가난한 가슴들이여

 맞소 맞어 아버지가 나잉겨 머슴으로 태어나 머슴으로 죽은 아버지가 어쩌면 나잉겨 남북의 분단이 아니라 남북의 전쟁이 아니라 상하의 분단 아래 상하의 전쟁 아래 거꾸러진 산머슴 울아버지가 어쩌면 나잉겨 우리들의 노동이 어찌 노동이냐고 백년 천년 노동 아닌 노동을 하다가 거꾸러질 아 어쩌면 나는 아버지잉겨 노동자잉겨

 5
 생각혀보면 우리덜 신세야
 기맥히고 코맥힐 일이제
 농군 자슥으로 일찌감치 태어나
 어따 좀 살아나 보겄다고

사시장철 거름내고 객토헌 땅
워디 고것이 우리 땅잉감
그란디다 다섯 배미 빌린 땅이야
농지세니 수리세니 특별조합세까정 나올지면
안되겄다 모다덜 도시로 도시로들 나와야제

그라믄 헐일이사 노동일뿐일 테고
어따 인젠 좀 살아야겄다고
야근 특근 몸 축내고 번 돈이사
워디 고것이 돈푼이나 되겄어
아 약값이야 덜렁 빼놓고 생각혀도
방값에다 수도세니 전기세니 오물세니
별놈의 세금까정 내불고 나면
물가야 하늘 높은 줄 모르고 올라가니께
안되겄다 생각혀도 이젠 갈 데가 없제

6
그리여 울아부지가 나잉겨 아 지놈덜 뱃속만 챙기겄다고 좌익이니 우익이니 나불대다가 남북으로 웬수처럼 쩍 갈라지니께 배곯은 울아비사 빨갱이가 된 것이여 대체 좌익 우익이 뭣이여 고것이야 한마디로 말해불면 날 때부터 좌익이고 우익잉겨
그리여 울아부지가 나잉겨 주저주저 총들어놓고 좌익이니 우익이니 이름 아래 뒈진 울아부지나 고픈

주먹 움켜쥐면 남이니 북이니 이름 아래 돼질 이놈이나 똑같읗겨 대체 용공 좌경이 뭣이여 고것이야 한마디로 말해볼면 배부른 놈덜이 맨들어놓은 수작잉겨

그리여 울아부지가 나잉겨 내 속에서 아비가 살아 내 땅 한번 일구리라 비바람 거슬다가 텃논 텃밭가에 뒤엄으로 누웠듯이 내 속에서 내가 살아 참노동 한번 해보리라 이글이글 솟아나는 주먹을 들어 이글이글 죽다 사는 노동의 사슬 태우능겨 처절하도록 저미는 노동의 가슴팍까정 훠이훠이 태우능겨

그리여 그리여 내 속에서 아비가 내 속에서 내가 아내 속에서 우리덜 시상살이 훨훨 부활하능겨 야밤에 왔다 기인 밤을 살아 하나인 서러움이 열이 되고 열인 분노가 하나로 되어 득실득실 작업장에서 득실득실 거리에서 부활하능겨 하여 동트인 가슴으로 마침내 우뚝서 휘이 뒤둘러보고야 말 눈물이여 자랑이여 하고많은 분단들이여 (풀어!)

농군은

나직하게 불러보는 아부지
너무도 꺼무테테한 얼굴과
깡마르신 어깨 우에
애초부텀 눈빛만이 살아
성가시런 자식놈 뭐가 좋다고
요렇게까지 사셨습니까.

이따금씩 허리가 결리시다고
대갈통*이 빠개질 것 같다며
당신이 죽으면
빠개진 머릿속은 뭐가 들었나
보라시는 그 말씀들이
실상 가난 가난이 아니겠습니까.

쪼그리고만 살았던 일평생
정녕 소원은 무엇입니까
허기진 배 찌꺼기나 드시고
자식새끼 배부르는 거
자식놈 따숩게 재우는 거요?
인젠 쬐까 있는 밭뙈기도 없이
어쩌자고 팔으셔야만 해놓고

두루두루 흙 한줌씩 살펴보고
흘리시는 눈물은 무엇입니까.

아부지
바서진 틈 사이로 바람이 붑니다
당신 때나 시방이나
달라진 건 아무것도 없어요
시상은 꽉꽉 맥혀만 있고

허구한 날 라면 하나로
농군의 자식은 족해야 합니다.

그러나 인젠 말해야겠습니다
올바른 시상은 이것이 아니여라우
당신의 째진 흙빛 손을 보고
울며 울며 이것이 아니여라우.

※ 머리통의 속된 말

면사무소 총각이 말하기를

면사무소 총각이 말하기를
시내 대학생들이 진리가 어쩌고 저쩌고 하며
거리마다 시위를 한다는데
한번 잡히면 즉각 옥살이를 한댔다.

아들놈은 잡히지 않을 거라 믿었는데
어느 날 아들놈이 TV에 나왔단다
TV엔 높은 사람들과 굉장한 사람만
나오는 줄 아는데 아들이 나왔단다
옆집 이생원이 하는 말은 아들놈이 글쎄
쇠고랑을 찼어도 그렇게 당당하다나.

면사무소 총각이 말하기를
한번 잡히면 언제 나올지도 모르며
어떻게나 뚜드려맞는다는데

그래도 면사무소 총각은 이렇게 말했다
잡혀간 놈들이 야문 놈이라고

잡혀간 아들은 돌아오지 않는데
어릴 때 아들이 뛰어논 산이 저렇게 우는데

아부진 그렇게 울지만은 않았다
아들놈은 지 하는 일이 틀린 적이 없는 놈잉게
이눔아! 그래도 니 삭신은 니가 조심해야 혀.

오늘도 저렇게 비가 내리고
글씨 집 안팎엔 온통
까치가 비 맞으며 울고 우는데
아부진 그렇게 울지만은 않았고
가슴 짜는 고통에서 열리는 흐뭇함도 있었다.

주산골 이야기

김씨는 술 몇잔만 들어가면
억센 사투리 욕 한뭉치를 안고
오기찬 새까만 팔뚝으로
물꼬를 터버린다
아줌씨야 다듬던 감자씨
바람에 날려버리고
배곯은 아이는 흙 한줌
보란 듯이 던진다
바람은 찢어진 문풍지를 때리고
귀신 울음소리만 남기고 이내 가버리면
김씨는 외상소주 목에 달고 돌아오고
아줌씨야 신음소리 주절주절
병 하나 더 얹은 아이는 쓰러지고
새벽달은 목매달아 온디간디 없어지면
찢긴 봉창 틈엔 아낙 몇이 수군대며
넉넉한 저승길을 부러워한다.

IV. 아버지 - 서시 I

1. 붉은피 서리를 두르고

아버지여 당신께서
맨지게에 나무 석 짐 휘엉청 지고
지게 목발 끌며
소를 몰고 끈덕끈덕 돌아오실 때에
머얼리선 바알간 석양이
당신의 이랴이랴 소리에
궁둥이를 슬쩍슬쩍 틀었지요
그때면 사립에 섰던 아이가
아버지 하며 쪼르르 달려와선
소고삐를 얼른 잡았고요

음매! 음매에!
그래요 당신께선
풀무더기 밟은 짚새기 신을
개울가에 달랑 벗어서

저무는 햇살에 슬쩍 밀어 놓고는
발을 담갔지요
그때면 또랑또랑 흐르는 개울물은
네가 바로 머슴이구나
삼대째 내리내리 머슴이구나

그 큰 발자국만 보면 안단다 하며
훌러훌러 가버리고요

그래요 그쯤이지요
가을산이 미쳐서 머리를 풀고
부푼 소문으로 하산하더니
백년 흙담을 뿌리째 넘어뜨릴 때가
흙토방에서 문지방으로 날며
빈 방에도 앉고 살강 우에도 앉을 때가
백주대낮에 창자까지 긁어 팔 때가

주인나리야
논에서 어찌 밭을 갈고
밭에서 어찌 논을 갈겠냐고
난리통에도 에헴에헴 호령이나 했다지만

그래요 당신께선
산밭에 누워 잠시나마 꿈을 꾸었겠지요
죽창 들고 쇠스랑 들고
온 마을 온 산하를 자랑처럼 누볐겠지요
이를 어째

천벌 받을 그 꿈을 어째
날이 저물도록 땀으로 온몸을 감고서
옷깃을 추스리다 다시 한번 삭신을 떨 때까지

들풀 하나에도 넋이 있어
쓰러지지 않고는
땅속까지 쓰러지지 않고는
끝내 다 못 피우 듯이
알지요
녹두벌 먼지 속을 뛰쳐나간 심정이야

여기 소문의 씨들은
산녘에서 불어왔지요
아니 황토현의 아우성이
녹두벌의 횃불이
당신께서 패랭이꼭지 벗어놓고
치렁치렁 머리다발 휘날리며
북상 북상한 만큼이나
여기 소문의 씨들은

바람결에 갈기갈기 남하한 것이지요

차라리 들리지나 말 것을
우금치 마루에 질척이는
흰옷이여

붉은 피 서리를 두르고
풀마다 잎잎이 늙어버린 청산이여

까마귀가 나이 어린 동학군 눈깔을 쪼다가
끝내는 까악까악 살점을 토해내는
몸서리치는 밤이여

죽은 넋이 어데 가서 잠들리오
강가에 숨을 멈춘 꽃들도 얼었는데
죽은 눈이 어데 가서 감기리오

저녁 새도 날지 못하고
절룩절룩 곡을 하는데
달이 먼 발치서 떠서는
차마 보지 못하고 먹장구름 속으로
고개 돌리고 말았는데
아, 죽은 입이 무엇을 더 말하리오

'백성이 한울님이여!'

아버지여 당신처럼
깔 망태기 가득 짊어지고
소 한 마리 끈덕끈덕 몰아오면서 보았지요
붉은 노을이 온몸을 감고 섰데요
아비도 없이 돌아오는 외론 길을

버얼건 핏물 되어 온몸을 적시데요

하늘 밖에는 아우성이 노을로 일듯
노을이 아우성으로 일듯 불타는데
어쩌면 당신의 마지막 통곡 끝으로
세 번 열 번 이 몸을 부르는 듯
어쩌랴, 소 엉덩짝만 이랴이랴 쳐버렸지요.

2. 만주벌 치달리던 당신은

나이 어린 빨치산의 눈물을
저문 해가 비치니
눈물은 피가 되어 붉은 산을 다 적시는데
오 산천이여 아버지여
더는 흘릴 눈물조차 없이
누가
얼어붙은 손가락으로
썩은 나뭇잎 황토살 긁어 파서
먼저 간 동지를 눕혔는지
과연 누가
솔나무 누룩나무 가시나무 가지에
허연 옷자락 듬썩 찢어 묶어두고
언제 다시 오마던
가슴 타는 약속 남겨두었는지

오 압록이여
네가 흐른다
백년 천년 흙묻은 발바닥들이
두리번두리번 건너다
얼마나 많은 피를 쏟고
얼마나 많은 눈물을 뿌렸는지

오 네가 흐른다
그런 핏물로만 눈물로만 덮여
이다지도 천길을 서두르는 네가
아우성치며 흐른다

너는 알 것이다
누가 무릎까지 쌓이는 눈길을 거슬러
누가 만주땅 안아보았는지
구부렁구부렁 산고개 넘다

돌아보면 지나온 고개는 얼마며
두고 온 코흘리개 자슥놈은 어떠하며
너는 알 것이다
그 눈길 눈물길

오직 빨치산이 되겠다던 사내 머리 우에
어디서 온 눈발이 쌓이는지
애타게 애타게
두고 온 병든 어미의 신음으로 와서
쌓이는 것은 또 아닌지

그러나 아버지여 맹세여
빼앗긴 조선의 어둠이
백두를 두르고 감돌 땐
허기진 당신만이 오직

백두산 이마 우에 우뚝 서
빼앗긴 조국 산천 둘러보았네

빼앗긴 조선의 어둠이
천지 호수에 떨어질 땐
배곯은 당신만이 오직
천지물 한줌 떠다가
그 어둠자락 씻는다 하였네

그리하여 아버지여
당당하게 치켜든 당신의 깃발은
우리들 가슴마다에 남아 있네
아니 여기 조국산하 곳곳에 휘날리고 있네
당신께서
핏발 선 눈으로 한없이 쳐다본

저 하늘 가운데에서
살마른 빨치산 당신의 등짝을 가리우던
나무 나뭇잎에서
아니 산이면 산 강이면 강
돌 하나 풀 하나에서
아니 올망졸망 자욱 난 오솔길에도
백년을 허기진 깃발들 거듭 울려오네
아버지 당신의 발길로, 자랑으로.

3. 지리산에도 비가 내리고

아버지여
북쪽 들에는 웃음이 무성하나요

당신께서 넘어간 산고개는
어느 메뿌리를 세웠기에 저리 높은가요
북녘으로 머리를 두고
남녘으로 다리를 뻗고
누가 이마를 깎았기에 그토록 가파른가요
아비도 아재도 늙은 당숙까지 넘어간
그 고개는
영영 돌아올 수 없는 그 깊은 고개는

어쩌지요
나이 어린 혼들이
날지도 떠돌지도 못하고
땅살에 반쯤 박혀 엎드려 있는데

어쩌지요
나이 어린 송장들이
제 몸도 가리지 못하고
앙상히 북쪽만 바라보고 섰는데

어쩌지요
파리한 죽창 하나 쑥대밭에 꽂혀
즐비한 시체를 지키는데
말없이 비껴 서서 눈물만 훔치는데
아니 깃발은 어데 두고 북쪽만 바라보는데
성난 비바람은 비린내를 핥고
외로운 빨치산의 분노로 하산하는데

저 산막엔 누가 또 살았길래
푸른 이끼만 시퍼렇게 자랐나요
누구의 얼굴로 두 눈 치뜨고 자랐나요
산새 하나도 멀리서 돌아가고
그 무섭다던 산짐승 발자취도
끊어진 지 오래건만
저 산막엔 누가 또 누웠나요

알지요
가난한 창자끼리 독기로 비틀어져
그 깊은 산에서
주먹 맞잡은 심정이야
더러는 죽고 더러는 살아서

동지의 핏빛 가슴을 밟고 넘는 발이야
아니 살 떨리는 분노가 넘쳐도
한 주먹 눈물을 훔쳐놓고
허리춤에 쓱쓱 문질러버리며
지나야 하는 가슴이야

알지요
뒹구는 혼들만 아우성치는 노한 밤에
지리산에도 비가 내리고
그런 굵은 빗물이 오래도록 계곡을 쓸면
피썩은 비린내로 온 산이 몸을 떠는데
남은 빨치산만 아무데나 앉아
서로의 눈물을 씻어주는 심정이야

그래요
이슬젖은 뼈들이 달빛에 번득이고
피젖은 살점이 썩어썩어

남쪽 언덕으로 소문되어 내려왔지요
어쩌지요
남은 아낙들만 창자가 뒤틀리는데
어쩌지요
북녘소문에 떨리는 몸 잡지 못해서
해가 다 지도록
아득한 지리산 허리를 감고 섰는

그런 어머니는 어쩌지요

쓸쓸한 울타리 비껴 사립문 젖히면
짝잃은 기러기만 제 그림자를
질질 끌고 가는데
엄닌 봉창문을 다 열어놓고
제 그림자만 보고 있지요

밤이면 또 외로 앉아
방망이만 두드리지요
떠난 지아비 옷가지를 꿈꾸듯이 두드리지요
섣달 바람이 째진 봉창문을 비집고
그나마 닳은 등잔불을 흔들어버리는데
행여 추위에 막혀 오던 길 돌아갈라
행여 어둠에 막혀 오던 길 돌아갈라
어머니는 방망이를 두드리지요
세상 막혀도 천리만리 소리 길로 트여
지아비 부르는 거지요

아버지여
당신이 있으니
사람 사는 집이 있고
길짐승 하나에도 신명이 있고

논밭에는 그나마 웃음이 있었지요

그러나 당신이 없으니
당신이 떠난
사랑방 개머슴 방에는
메주 두어 덩어리 못걸 우에 걸려
갈라진 골짝마다 허연 꽃을 피우고
곰팡내인지 꼬랑내인지 늙은 당신 냄새로
아직껏 남아 간질간질거리네요

당신이 떠난
대숲 우거진 이 마을에는
햇그늘에 대숲이 북쪽으로 고개 돌리고
길다란 귀를 세워 긴긴 소문을 기다리고 섰지요
목이 가는 새들만 조잘조잘거리며
동구 밖을 넘나들고요

그래요 남은 사람들만
사는 대로 살아가지요
난리통에도 깔 비러 가는 아이들이 있고
난리통에도 쑥 캐러 가는 가시내들 있어
산가에 너즐어진
찔레순도 따 먹지요
온 산이 저물어가도록
찔레술에 취해
내려오는 길엔 찔레내음만 폭폭 풍기고요
어머닌 쑥캥이 칡캥이만 캐먹다

온몸이 띵띵 부은 아들놈 살려야겠다고
쌀 한줌 몰래몰래 꺼내놓고
오늘은 쌀죽을 끓인다지요
어쩌다 오른
밥짓는 연기가
서리에 젖어 절룩절룩 머리를 푸네요
안개처럼 초가지붕을 덮기도 하고
구름처럼 감꽃을 휘어감고
오랜 말을 하네요
지나던 아이가 보면 가까이도 내려오고
잠깐 헛눈을 팔면 간다는 말도 없이
벌써 저만치 가버리네요
기다란 머리는 누이를 닮고
집밖을 빙빙 도는 것이 아비를 닮았네요
온몸을 뒤척거리는 뒷모습은
분명 어미를 닮아
조금만 바람이 불어도 뛰어가고 마는
하여, 찾아보면 살강에서 울고 있는
분명 어미를 닮아
오늘도 하늘가에 눈물을 뿌리고 마네요
온몸을 쪼개면서
아비 따라 북녘으로 사라지고 마네요

아버지여
북쪽 들에는 웃음이 무성하나요.

4. 오월의 하늘을

백년산에 버려진 돌들이
백년이나 울었지요
울다가 울다가 백년이나 늙었지요
아니 아직도 다 울지 못해
만산에 살구꽃 피어 온 마을을 적신 거지요
만산에 진달래 피어 온 사람을 부른 거지요

하여 아버지여
당신은 눈을 주셨지요
오월의 하늘을 보게 하셨지요
석수쟁이 묘비처럼 부연 얼굴로
움직일 줄도 모르는
저 난자당한 오월의 하늘을 보게 하셨지요
그것은 피젖은 갑오년의 발길 발길이었어요
그것은 나이 어린 빨치산의 주먹이었어요

기어코 6월로 만나보는 핏줄 한뭉치였어요

당신은 귀도 주셨지요
떼죽음을 당하고 암매장 당했던 거기
지금도 변두리 기슭에선

논두렁이나 산밭 모퉁이 매다가도
집이나 샘을 파다가도
몇십 구썩 허연 뼈들이 속창을 파 마치
설죽은 아버지의 신음을 내고 있지요
우리는 듣고 말았어요

당신은 가슴을 또 주셨지요
아들놈 죽음 앞에서
네가 흘린 작은 눈물은
네 작은 주먹처럼 서러운 통곡이지만

내가 돌아서 흘린 눈물은
그냥 피라며
너에게 보여줄 수 없는 부끄러운 피라며
손가락을 깨무시는 어느 아버지의
오십년 사무치는 역사를
느끼게 하셨지요

당신은 주먹도 주셨지요
대낮 천지에 송장이 가고
군화발에 지근지근 밟힌 송장이

가슴까지 난자당해 가고
머리통이 짓이겨진 송장이
빗발치는 신음으로 가고
누린 자의 입속으로 머리속으로
외세의 가슴팍까지

삼천날 피 토하러 가고
삼천날 목을 쥐러 가는

하물며 산자들의 주먹이야
가야지요
아득히 천리 만리도 가야지요
사무치는 삼백날 한으로
복받치는 설움으로
갈아엎는 배고픔으로 가야지요
절며 울며
뛰며 몸서리치며 끝내는 가야지요
다시 올 수 없다 해도
모진 바람에 생목을 꺾인다 해도
기어코 가야지요 내 나라로 가야지요
우리 어머니들의 나라

우리 아버지들의 나라
우리들 하나인 나라로
가고 가야지요

아버지여
죽고 죽어서
이어온 숨결이여
당신은 죽어서가 아니라
살아서 여기 있습니다
우리들 억센 주먹 속에 환한 봄날로.

씻김굿

넋이야 넋이로구나 이 넋이가 누 넋인고
동학아비 넋이로구나 우금치에 질척이는
우리아비 핏물이구나 한울님이 백성이단
만고강산 죽창이구나 죽창속에 봄이구나
넋이야 넋이로구나 이 넋이는 누 넋인고
만주벌판 치달리다 일본놈들 총칼 박힌
우리아비 속살이구나 생가슴속 생피구나
넋이야 넋이로구나 이 넋이는 누 넋인고
빨치산 네 넋이로구나 지리산에 너즐어진
우리아비 깃발이구나 삼사백날 아우성이구나
넋이야 넋이로구나 이 넋이는 누 넋인고
우리아비 발길이구나 금남로에 펄펄 살은
난자당한 오월이구나 복받치는 설움이구나

에라에라 넋이로구나 넋일랑은 모셔다가
넋상에 모셔놓고 혼일랑은 모셔다가
혼판에 모셔놓고 시첼랑은 모셔다가
화개화판에 모셔놓세 가자서라 가자서라
넋맞으러 가자서라 금일날에 이 망자는
이승길을 마다하고 저승길이 웬말이냐
천년만년 넋풀이를 우리들이 하자서라

죽창들고 하자서라 총칼들고 하자서라
맺힌 한을 풀 때까지 우리네들 주먹속에
천추한으로 불타솝사 가자서라 가자서라
우리아비 넋풀이를 이제라도 하자서라
천근이야 천근이야 민중세상 밝아오는
천근이로구나

가자서라 가자서라 씻기영상 가자서라
원한이야 원한이야 천상천하 원한이야
망자같이 서를소냐 아비같이 서를소냐
가는 자취 남겼다고 오는 흔적 보일소냐
인생 한번 죽어지면 다시 오기 어려워라
북망산천 돌아가서 사토로 집을 짓고
송죽으로 울을 삼아 두견이 벗이 되어
노래한들 무엇하랴 춤을 춘들 무엇하랴
죽은 후에 만반진수 살은 한을 어찌 풀리
가자서라 가자서라 쑥물로 씻어내고
맑은 물로 목욕하고 향물로 씻어내고
씻김천도 가자서라 왕생극락 가자서라
천근이야 천근이야 민중세상 다가와서
우리아비 한을 풀어 극락세상 천근이야

왕생극락 천근이야

에라 만수 에라 반란이야
해방으로 슬슬 풀립소사
이 고는 무슨 고인고
불쌍하신 동학항쟁 아비고는
불쌍하신 빨치산항쟁 아비고는
불쌍하신 오월항쟁 아비고는
원한졌다 원한고 신원졌다 신원고
매긴 고를 풀러 가세 설설이 풀립소사
에라 만수 에라 반란이야
해방으로 슬슬 풀립소사

작별이야 작별이야 조상불러 작별이야
동지불러 작별이야 일가친척 작별이야
부모형제 작별이야 동네방네 작별이요
민중세상 다왔다고 왕생극락 가신다며
작별이로구나
작별이야 작별이야.

제1장 중 7. 온 산하 불질러야지

언젠가 할매는 감나무 심었시야
뒷마당 발꿈치에 다독다독 심었시야
서너 해만 지나보소
여름내 뒷마루를 그늘지게 하다가
가실엔 붉은 감 주렁주렁 열리게 할 것이
할매는 말이여 고맙게만 심었시야
그러나 감꽃은
피기도 전에 꺾여버렸시야
자슥놈처럼 꺾여버렸시야

어쩌면 좋아
흙토방 구석에는 소가 누워
자는 듯 마는 듯 햇살 아래 졸고
가끔씩 후려치는 꼬리를 피해
쇠파리만 더덕더덕 붙어 꿈틀대고
달포나 된 송아지야 어미를 빙빙 돌고
어미소는 대견한 듯 자식소 바라보는데

어쩌면 좋아
먼저 간 자식 생각에
산밭에 아무렇게나 누울 때면

멀리서엔 벌써 햇살이 비끼는데
에라 팔자 사나운 년
에라 팔자 사나운 년 하며
어두운 바람만 귓불을 때리는데

어쩌면 좋아
괭이로 긁어판 한자 고랑이야
하물며 거기 누운 자슥놈이야
누가 무덤이라 하고
누가 무덤이 아니라 하리

새푸른 아지랭이야
아롱아롱 까불지 마라
바람에 누운 풀꽃들이
끌끌 혀를 찬다네
할매만 무덤가에 퍼질러 앉아
기나긴 곡을 한다네

이눔아
왼종일 산밭에 앉아 일하다 보면
니놈은 이른 새벽 햇살로 내 곁에 오는구나
또 저무는 햇살 따라 등을 돌리는구나
어쩌면 좋으냐
니놈만 바라보며 갈기갈기 애타는 내 마음을
어쩌면 좋으냐

어둠이 가리는구나
이눔아
밤바람이 차면 니 삭신 감싸거라
행여 이년일랑 생각 말고
이년 가슴팍 불러내 니 삭신 덮거라
내가 죽일 년이지
내가 죽일 년이지 하며
할매는 긴긴 곡을 하다가 뉘엿뉘엿 돌아오고

그런 할매 우리 할매
노망을 했지
아무거나 주워서 묵어불고
똥을 싸서 방 벽에다 문대불고
종이 방바닥도 뜯어 묵지
장강에 가서 묵은 지도 한 다발씩 꺼내 묵고
꾸정물도 퍼서 한 박아치씩 마셔불고
똥만 질질 싸서 그나마 묵어불지

토방마루 밑으로 기어기어 들어갈 때
뭣하러 들어가시오 하면
호미 갖고 솔 비러 갈란다 하고
살강에서 바구니 질질 끄집고
비척비척 나오실 때
어따 뭣하러 가요 하면
실가리 뜯으러 간다 하고

고 어린 미순이가 놀고 있을 땐
엄니가 우리집 막둥이요 말해줘도
그러냐 저것이 언제 그리 컸다냐 해놓고도
금시 잊어버리고는
뭔 애기가 해 넘어가도 안 간다냐
후이여 느그집 가그라 소리치고
어쩌다 종이가 있어 주어도
무엇을 막 뒤지러 다녀서
뭣 찾으시오 하면
똥 쌀라고 지푸락 찾는다 하고

엄니는 기저귀를 채워주었지
사랑방에 모셔놓고
방문고리 울며울며 걸어두었지
그런 할매 우리 할매야
판옥아 판옥아
뒈진 자슥놈만 왼종일 불러대고

잠이야 자는 둥 마는 둥
오살놈의 꿈만 꾸지
빈 상에 고봉밥이 오르고
아비는 신나서 고추를 따오는데
분명 된장맛이 꿀맛인 것을
씹어도 씹어도 씹히질 않고

동네 사람들은 혀를 끌끌 차지
저 좋은 양반이 부처죽음 헐 것인디
이놈의 더런 시상이
팔자 한번 더럽게도 사납게 맨들었다고
사립을 지나들며 혀를 끌끌 차지

그런 할매 우리 할매
수숫대만큼 마르더니 갔네
지아비한테 간 것인가
지 자슥한테 간 것인가
간다는 말도 없이
저문 들처럼만 살다가
저문 들처럼만 갔네

주산골 산자욱들 두리뭉실 남겨놓고
전라도땅 후여후여 떠나갔네
숨맥혀 지낸 진창길 육십년에
지아비 보내놓고
지 자슥 보내놓고
북당골 산밭머리 휘이 둘러보며
이젠 당신도 따라갔네

갔네
둘둘 말은 멍석말이로 어이어이 갔네
이제 가면 언제 오나 어허허야

이제 가면 오지는 마소 어허허야
끈덕끈덕 지게송장으로 갔네

어여라 꽃등이라도 밝혀야지
일본시상 넘기 전에
고픈시상 넘기 전에
어여라 꽃등이라도 밝혀야지
가는 길 천리길 후여후여 뚫어야지
가다가다 갈 수 없는 걸음 남거든
덩더쿵 뒤돌아 꽃불춤 추어야지
온 산하 불질러야지.

제3장 중 3~12

3
석이네야 사평민씨 소작을 벌어먹지요 부자야 광주 최만영이 현준호 동복에 오자섭이가 전라도 부자들이지요 알지요 얼토당토 않게 수 잡아서 천석보 만석보 된 걸 다 알지요

어쩌랴
새벽에 꼭 오는 걸
이슬 있을 때 보면
죽은 놈도 안 죽게 보이는 걸 어쩌랴
아니 곡수를 정할 때마다
작은 가슴팍들 콩당콩당 뛰는 건 또 어쩌랴

어쩌랴
가실엔 짚으로 가마니들 엮어야지요
미순이야 지만한 키 들고
죽도록 까불라서 쌀마지기 모으면
석이야 죽도록 쌀을 담아
한 가마니 두 가마니 열 가마니 다 바쳐야 한 걸
어쩌랴

그래 줄줄이 지게에 싣고
사평 삼십리 고개 넘어갈 땐
엄니야 닭도 잡고 꿀도 담아 들고 가지요
어쩌랴 그나마 내년에도 벌어먹어야 한 걸
또 어쩌랴

고작 남은 쌀싸래기야
몇 줌은 산골까지 가서 묻어야지요
몇 줌은 대샃굴까지 가서 묻고
서너 줌이나 될까 말까는

담벼락 밑 독아지 속 거기에
숯을 살금살금 깔고 우에다 묻어 두지요
썩는 걸 어쩌랴
아니 살아야 한 걸 어쩌랴

된장 고추장 독아지는
감나무 밑에 묻어 놓고
우에다 찬물을 퍼부어 놓지요
동짓달 맨땅이 땡땡 얼게
오래오래 퍼부어 놓지요
그러고도 모자라 짚더미 덮는 심정이야

면직원이 와서는
당신들 뭘 묵고 사냐고 하면

감자 썩은 거 몇 개 놔두고 사요 하고
그러고 어떻게 사요 하면
말도 마시오 죽지 못해 사요 하고

당목이사 대밭 뒷춤에 숨겨 놓았지요
비스듬히 파서는 깊이깊이 묻어 놓고
댓잎싹으로 사알짝 덮어 놓았지요
알지 댓잎싹 몽땅 모아 덮어 놓으면
금시 알고 앗아가니
알지요 댓잎싹 몇 개 모아 드문드문 뿌려 놓지요
알지요 당목이사 누런히 썩기도 하고
허연 곰팡꽃이 천지로 핀다지만
뺏긴 거보다는 낫다는 거 알지요

4
비오는 황토길이 질퍽한데
누이야 점심일랑 그만두어라
이쁜 종아리 걷어 놓고 슬슬
무엇을 이고 오느냐 누이야
광주리에 쑥떡 서너 개라 부자구나
너를 닮아 서럽구나 든든하구나
그러나 누이야
비 가리는 황토길이 아슬하구나
그만두어라

행여 문둥아치 나올라
쑥떡 서너 개 욕심나서
아니 예쁜 네 종아리 욕심나서 누이야
행여 그만두어라

알기나 아는지
비와 문둥이가 사촌인지
문둥이와 도깨비가 사촌인지
알기나 아는지
이렇게 부슬부슬 비오는 날엔 꼭
동학군 뫼똥 앞이나 개울머리 거기
거기에선 늘 누군가 울었쌓지요
알기나 아는지
거기 올 때는 생기침이라도 해야 하는 거

생풀이라도 둘둘 말아
댐배라도 후여후여 피워야 하는 거
그래 이렇게 우웅우웅 비 날리는 날엔 꼭
도깨비불이 깜박깜박 앞길을 막지요
어이 거기 누구요 하면
가랑비만 돌아서 휘이잉 얼굴 때리고

알기나 아는지
이렇게 부슬비가 술렁술렁 춤추는 날엔
문둥아치만 얼렁덜렁 옷 걸치고

떼지어 돌아다니지요
동네방네 싸돌아다니지요
어이 마시 저기 개 많은 집 된장만 못 퍼묵고
이 마을 된장은 다 묵어봤네 하며
손발이 터져 진물만 질질 흐르는 문둥이가 말하면
그렁가 나사 그집 고추장 맛도 봤네 하며
눈깔 툭툭 불거진 문둥이가 대답하지요
알기나 아는지
애기 하나 잡아 묵고 맴맴
어떤 문둥아치는 병이 다 나았다더라
그래 갱변에 대사리 잡으러 가봐
지들끼리 포장 치고 밥해 묵고 난리지요
고 작은 아이들이야
저만치서 몰래몰래 대사리 잡고
숙이는 망보다 저 혼자 울어쌓고

어쩌다 장에 간 엄니가 늦어봐
하필 그때
문둥아치들이 밀때모자 으들으들 내려쓰고
노래인지 악인지 내지르며
덜레덜레 나타나서
밥 주라고 띵깡을 나봐
미순인 빈 뒤주에 들어가 달달 떨고
석이야 감자 서너 개 있는 것도
쌀 싸래기 한 되마저 냅다 퍼주고 말지요

어두운 바람이 싸립문 열고
봉창문에 부딪치는 밤바람이 내동 올 때까지
석이야 미순이야 바람따라 울다가
엄니만 와바
치마폭에 쓰러지고 말지요
그래 시상에서 말이여
순사 나리하고 문둥아치가 제일 무섭지요
학교간 석이는 짝꿍하고 싸우다
화가 잔뜩 오르면 문둥이라고 욕해버리지요
그때면 여자아이야 엉엉 울어버리고

5
큰 산 아래 하루가 기울고
큰 산 아래 하루가 일어나는
산처녀 시상살이야
산이 무섭고
산이 든든하지요
산이 살아 있음이지요

서까래 서너 개로 엮은 집이야
쑥머리집이라 부르지요
백년 비에 닳은 흙담은
그냥 낮은 대로 바람을 막고
삼대째 드나드는 사립이야

무언가를 기다리는 그리운 속살이지요

미순이는 그렇게만 살지요
산에서 쑥머리집으로
쑥머리집에서 산으로
들랑날랑 살지요

산등에 칡캥이야 그냥그냥 씹으면
톡 쏘는 쓴 맛이
어쩌면 약이 될 일이지요
오래오래 씹다 보면 배도 부를 일이고
산등에 나물이야
싸래기죽에 섞으면 그만이지요

고 예쁜 미순이야 왼종일 쑥만 캐선
삼시 세끼 쑥만 먹고 살지요
에라 쌀죽이라도 떠먹어야지
쑥만 먹다가 온몸이 띵띵 부어버렸지요
건너치 장성댁 숙이는 쌀국 먹어
포르스름한 똥도 잘 누는데
쑥만 먹은 미순이야 똥도 안 나오지요
어쩌랴 엄니만 소눈물 흘리더니
꼬챙이 들고 똥을 쿡쿡 파주지요
엎어진 미순이야 날새도록 울더니만
다음날엔 다시 또 쑥만 먹고

마을 안에 일본 순사가 나타나면
큰골로 이불 들고 올라가는 미순인
벌써 열다섯이지요
집밖에도 얼씬 못하는 처녀가
통 대청에 숨어 삼이나 삼는 처녀가
온 밤에 큰골 산마루 두리번두리번 오르지요

일본 순사가 잠이라도 자고 갈 땐
밤 깊도록 엄니는 안 오시고
미순이만 싸리나무 울타리 밑에
쪼그려 앉아
산바람에 사시나무 떨듯 오글오글 떨지요
부엉이 우는 소리야 들을 만하지
아니 개호랑이 울어쌓는 소리도
차라리 낫지
어디선가 부시럭거릴 것 같은
무시무시한 사람소리는
아아 열다섯 숫처녀 허벅지로
차라리 숨 멎고 말 일이지요
어쩌랴
고개를 돌리자니 어둠이 입 벌리고
한모금에 삼킬 듯해서
미순인 부락만 바라보지요
등잔불만 밤새 바라보고 있지요

6
소 뜯기러 가서 소말뚝 박아 놓고
지켜보는 풀이야
빈 속에 가는 몸 오래도록 슬퍼하며
푸른 머리 이리저리 흔들대는 풀이야
열일곱 석이 지를 닮아
갑절이나 속 태우지요
풀아 풀아
너의 봄색은 어디서 오느냐
가는 목 바람에 꺾여
시퍼런 낫에 꺾여
절룩절룩 무슨 생각 하느냐

풀아 내 작은 풀아
노을이 검게 너웃너웃거리는 것이
너의 그리움
꽃이 되는 그리움일랑
아예 잊었나 보다
너의 봄색은 어디서 오느냐

그러나 풀아 사랑아
너를 꽃이라 하리
꽃다운 풀
풀다운 꽃이라 하리

네가 있어 새가 날고
새가 날아 네가 피고
네가 있어 청산이 울고
청산이 울어 네가 피는
차라리 너를 꽃이라 하리

풀이 말하거늘
석아 석아
낫 하나 망태 하나 들고 와
여전히 나를 데려가는 석아
혼자서 씨부렁씨부렁 넋두리하고
온몸을 묶어가는 석아 머얼리
먹구름이 몰려오는 것도 모르고
흐느적흐느적 실 풀어진 논밭길
한겹 한겹 온몸으로 감고 가는 석아

말도 마라 미안할 거 없다
내가 네 안에서
두엄이 되리
내가 네 안에서
가뭄 석삼년에 오진 비가 되리
하여 논고랑 밭고랑을 으시대며 흘러보리
그러다 그러다
개울로 강으로 바다로 흘러가리
가다가 가다가

돌 울타리 무너져 가는 길 막고 섰을 땐
어여라 사알짝 비켜서도 흘러보리
내가 네 안에서
온몸으로 흘러흘러 두엄 되어 흘러흘러
끝내 끝끝내 으시대며 피어나보리
동무야 열일곱 내 동무야

너의 봄색은 어디서 오느냐
그래 좋다 너도 흐르거라
흐르다 흐르다 너마저 죽거든
너도 내 안에서
두엄 되어
푸르름으로 일어나야 하리
날카롭게 피어나야 하리
네가 나인 채로
내가 너인 채로

우리들 봄색은 어디서 오느냐

7
삼십년 긴 허리 구부리고
동구밖 어귀에서 내내 눈빼고 섰을
당산나무
그런 어머니

밤이면
백년 묵은 당산나무 이마 아래서
백년 묵은 바람소리 듣지요
아니 백년을 긴 머리 쓸어넘기고
백년주름을 허허 내놓는 거 보지요

강 건너서 시집올 때 웃음 놓고 와서는
이십여 년 논이 되어 살았지요
논일 밭일 사내처럼 해놓고
오던 길에 오이 서너 개 따와선
당촌아짐 하나 주고
지나는 아이에겐 반을 툭 잘라주던
어머니
남의 집 고추 하나라도 따올 때는
고추밭에 앉아
썩은 잎들 정성껏 손봐주고
어따 뉘밭인지 올 농사 엉망이시
걱정도 해주다가
쑥죽에 된장 휘돌려 고추 하나 내놓으시던
그런 어머니
내 일인지 남 일인지도 모르게
이십여 년 논이 되어 살았다가
지아비도 멀리 보내놓고

가을걷이 때나 빈 손 쥐어

허허 서러움이 이것이다던 어머니
어머니 가슴팍 무너지듯
뒤돌아볼 틈도 없이
이십년 둔동 개울물이
봇물처럼 죽죽 흘러가버렸지요
어디서 불어왔냐
찬서리 맞은 창호지 봉창문이
후들후들 떠는데
둔동땅 등얼만 속살을 내놓고
허옇게 마른 웃음 짓는데
피주름 속주름만 남은
서러운 시집살이 과부살이
언제까지 갈 것이냐

8
깔 비러 가는 길에 보았지라우
엄니는 흙내 나는 손으로도
흰 볕에 하얀 빨래 널으며
달래달래 웃어주었지라우

석이사 산그늘에 누워
한잠 잤지라우
솔바람에 간질간질 꿈도 꾸었지라우
미순일 업고 아비도 만나 살랑살랑

춤추는 그런 꿈을 꾸었지라우
오메, 해가 산을 다 넘어가버렸어라우
빈 망태만 들고 두리번두리번
사립문 조심슬쩍 열었어라우

그날이지라우
미순이가 숙이년을 만나 대판 싸우더니
산으로 내빼부렀지라우
아비도 없는 년
학교도 못간 년이란 말 듣고
질레질레 내빼부렀지라우

누가 염왕굴 산에 있다 해서
석이랑 엄니랑
깐닥깐닥 산에 오르면서
미순아 미순아 울며불며 불렀지라우
아 몰랭이까정 올라갖께사
가시덩쿨 밑에서 오그리고 있었지라우
글씨 덩쿨 밑에서 밍감 따 묵고
하룻밤을 다 보낸 것이지라우
엄니사 죽일 년 살릴 년 해쌓고
석이사 빙신 중에 상빙신이라고 했다지만
끝내는 부둥켜안고 울어버렸어라우

9
엄니사 옷댕김 치고 일해야제
쌍것이다고 숭보든 말든
죽자살자 일해야제
지심 매는 흙손이야 어디 여자 손잉가
여자사 삼이나 삼고 품앗이나 다녀야제
무명베 옷가지나 빨아서
삶고 풀하고
다림질이나 해서 솜이나 넣어야제
허나 아비없는 엄니사
골망태 맨들고 소쿠리 맨들고
짚새기신도 삼아야제
보소 예쁘게 삼아서
슬쩍 밀어주는 엄니 손이사
석삼년 과부손이 따로 있나
그 모양 그 꼴이제

물꼬에서 누가 물이라도 빼가봐
악이 나서 욕 퍼지르지
"글씨 물을 빼갔으면 물꼬나 돋아주고
빼가야제 물꼬도 안 돋아주고 지랄이여."
"사내가 없응께 요로크롬 무시덜 헐거여."
논바닥이 펄쩍펄쩍 하늘까지 펄쩍펄쩍
냅다 삿대질이라도 해야제

"와따 먼 소리를 고로크롬 해부요
나가 좀 터놓고 들어가
잠이 들어부러서 긍께 아짐이 이해하시오"
그때사 숫처녀처럼 방글 돌아서제

논바닥에 뒹굴어 한나절 일해봐
한 손은 풀 뽑고 다른 손은 긁어 매고
그러고도 모자라
풀 비어 논바닥에 깔아야제
서툰 낫질로 손이나 비어봐
아니 빈 자리를 또 비어봐
말로 다 못하제
무명수건 머리꼭지에 달랑 쓰고
풀 한짐 우에 얹어
논두렁 밭두렁 여덟자로 돌아
흔들흔들 걸어봐
등고랑에선 땀나고
가슴팍에선 열통이 부글부글 끓어
그러다간 미치고 말제

미순이야 지게 지고 다녀야제
엄니 풀 한짐 이어주고
지는 이어줄 사람이 없어
지게 목발 끌고 다녀야제
어쩌겠어 장성댁 숙이는 집에 있는데

에이 지게타령만 하제
커서 힘드네 작아서 힘드네
엄니 속만 긁어 파제
그때면 엄니사
물컹헌 흙을 퍼서 냅다 뿌려불고
이년아 니탓이냐 내탓이냐 하며
머리끄댕이 쥐어 뜯어놓고는
뒤져라 뒤져 소리소리 지르다가
끝내는 엎어져 같이 울제
논바닥에 우무락대기가 따로 없제

10
아픈 몸이야
하루저녁 끙끙 앓다 일어나지요
왼종일 논밭머리 뒤집다가
밤에 또 미영베 짜던 엄니는
가는 베 일어서서 잇다가
그만 쓰러져버리더니
온 밤을 끙끙 앓고 누워 있지요
어쩌랴 석이는
수확할 때도 아닌디
논바닥에 보리목아지 그냥 뜯어 왔지요

어쩌랴 절구통소리 급하고

장작 패기 급한데
어쩌랴 미순이야 불때기만 정신없제
돌아라 돌아 불무야 돌아라
불무에 맞춰 삐걱삐걱 울면서
아픈 엄니가 서럽제
죽은 아비가 밉제
생연기 피어올라 코를 막는데
고개 돌려 바라보는 사립이여
아니 떠난 아비여 그냥 눈물이여
석이는 재수대가리 사납다고
소리를 퍼질르고

"엄니 드셔보소 드셔보소"
"아고아고 이눔아 한 사날 눴다보면
일어날 것인디 어째 애기쌀을
다 뜯어와서 난리냐."
엄니 논타령 밭타령 한숨이야
수저 들 힘도 없이 꺼져가고
"죽은 사람은 죽은 사람이고
산 사람이라도 살아야지라우" 하는
석이 속울음이야
가난한 봉창문을 뚫고 나가
새벽산을 흔들어놓고 말지요
한 사날 앓던 엄니가 일어났지
한밤중에 느닷없이 일어나선

죽은 할머니 흉내를 냈지요
"오남아, 오남아 니가 불쌍타
묘자리가 축축해서 잠이 안 와야
독바우 우에 따땃한 곳으로 옮겨도라
거그 바로 거그를 파면
또 하나 독바우가 나오니라
그래 니 아비니라
오남아 오남아 니가 불쌍타
풀 하나도 뒤엉켜야 풀밭이란다
하물며 지 아비없는 네 서름이야
을매나 크것냐 다 안다
그리고 뒤안이 좋은 터다
오막살이 뒤안이야 을매나 크것냐만
거그다 까시나무 매화나무가 웬말이야
당장 뽑아버리고 은행나무 심거라
그랑께 석이라도 억지장을 보내서
동복장터 지서 앞에 은행나무 가져오니라
오남아 오남아 니가 불쌍타."
"어째서 불상허요" 석이가 물어보면
"금메마다 금메마다 불쌍해야" 하고
"언제나 잘사요" 또 물으면
"그저그래야" 하더니
나 이제 가야 쓰것다 하고
뒷짐 딱 지고 앙개앙개 걸어서
사립문 열고 나갔지요

그때 새벽닭이 막 꼬꼬댁 울고
엄니야 저만큼 가더니 엄니로 돌아서
아이고 춥다 하며 가는 몸 움츠렸지요

11
엄니가 술을 묵었시야
쌍촌할매 초상집 가서는
술을 함빡 묵어부렀시야
와서는 그랬시야
나 죽어도 지게송장일 거여
과부송장이야 지게송장도 싸지
아고아고 이제 가면 언제 올끄나

근디마다 애들아
배명양반이 그러더라
석이를 자기아들 대신 징용 보내자 하더라
십년이나 소작 준다고
미순이도 시집 보내준다고
일 잘하는 절동 기복이가 제일이다며
배명양반이 난리더라
아고아고 어쩔끄나 애들아

엄니가 술에 취했시야
곤드레만드레 속타령만 했시야

나가 시집와서 석이 니를 밸 때여
고기 한번 묵어보는 게 소원인디
나가 지지리도 못나서
고기 묵고 싶다는 말을 못했어
그랑께 배는 부르고 오죽허것냐
속은 미슥미슥거리더니
꾸역꾸역 넘어올 판인디 오죽허것냐
살강에서 밥해도 부화가 나고
부새에서 불 때도 부글부글 끓고
한번은 삼바구니를 던져부렀어
긍께 삼이 다 헝클어져부렀지
말도 마라 니 애비가
밥은 안 하고 어먼짓거리나 헌다며
괭이 들고 밥솥을 찍어분다 하는디
금메 을메나 속떨린 일이냐
내사 잘못한 것이 있간디
유제 부끄렁께 밥솥을 쥐어잡고
잘못했어라우 잘못했어라우 내동 빌었지
이상댁이나 복상댁은 고무신을 신었어
어디 나사 짚새기만 질떡질떡 신었고
그란디 한번은 검정고무신을 사왔시야
을매나 오진 일이냐
베를 짜다가도
이 발 신어보고 저 발 신어보고 그랬지
벗었다 신었다 벗었다 신었다 했지

행여 닳아질세라
방 가운데 놔두고 내내 바라보기만 했지

미순이 니가 일곱살이나 됐을 때여
나 혼자 보리타작을 어떻게 하것냐
일꾼 한 사람 빌렸지
쌀섬 두 가마에 사정사정 빌렸지
금메 과부살이야 서럽제
일꾼도 과부집에선 발뻗고 자는 거여
낮참 묵고 당산그늘 아래 가서는
배통아지 다 내놓고 잠이나 자불고
해질녘에사 일한 척하는디
금메 보리만 냅다 널어 놓고
도리깨로 뚜들 생각은 고사하고
어둑어둑 물러가는 해따라
지도 들어갈 궁리나 파고 어쩌것냐
그때 소낙비나 쏟아져봐라
비설겆이를 해야 하는디
능구적능구적 꾸물대는 폼이
지렁이가 따로 없시야
알보리야 다 떠내려가서는
꾀랑가에 한줌씩 밀려 있고
말도 마라
깔이야 까치집만큼이나 비어오고
그때 악이라도 퍼질러봐

투정투정 다시 가서는
죄없는 낫자루 탁 쳐서 깨뜨리고
지게도 아무데나 냅다 던져불고
말도 마라 과부살이 신세야
꿈에라도 니 아비 나타날 땐
나사 꼭 안고 자고 싶어 안달을 했지
니네들이 가로막고 누워서 망정이지
그리여 그랑께 수절한 거여
같이 자불면 수절을 못한다더라

엄니가 술에 취했시야
석이가 자는 줄도 모르고
미순이가 자는 줄도 모르고
곤드레만드레
술타령만 오래오래 했시야
석이놈 징용 보낼 생각 하니
미순이넌 시집 보낼 생각 하니
가슴팍 미어지는 것이
혼잣말이라도 해야 했시야

12
가네
가네
미순이가 시집가네

가네
일 잘한 사내 하나 있다고
지 오빠 전쟁터에 팔아먹고
가네
귀영머리 풀어서
댕기머리 풀어서
비녀로 쪽을 찌른 미순이가
사십리길 울면서 가네
누구는 낭자하고 쪽두리 쓰고
하인 하나 끼고
술렁술렁 가마 타고 간다지만
누구는 따뜻한 봄날 아침
설레는 가슴 안고 간다지만
미순이야
눈발 서리서리 내려치는 동짓달에
어정어정 걸어서 가네
발가락이 얼고 버선이 얼고
물팍까지 얼어 걷는
절동 고심재를 울면서 가네
어느 메뿌리를 세웠기에
그리도 높은 고개를
누가누가 다 못 넘고 죽었기에
깔딱고개라는 그 고개를
기어오르다 기어오르다
다시금 미끄러져 뒹굴고

마침내 가슴까지 얼어서 넘는
미순이는 시집을 가네
엄니는 독을 품고 가랬는데
오빠는 가시 품고 가랬는데
두 팔 늘어진 채
흐늘흐늘 알몸으로 가네

어쩔끄나 어쩔끄나
장성댁 숙이는
상보수도 놓고 당목에다
책상보 하나 네 올씩 정성들여 세어서
곱게곱게 수를 놓아 싸들고
새 이불일랑 비단일랑
온몸에 휘어감고 갔다는데
미순이야
나무 한짐이라도 더 해놓고 간다며
삼이라도 더 삼아놓고 간다며
백날 천날 일만 하더니
가네
들꽃이 가네
절룩절룩 아무렇게나 피어서
영락없이 목 꺾인 보리꽃마냥
흙손톱만 질근질근 썹어쌓더니
깨문 손톱 아래 핏물 구르고
끝내는 눈물마저 섞여 흐르는

열여섯 흙처녀로 가네
"미순아 가거들랑 쌀꽃이 되그라잉."
마침내 엄니 눈물마저 가네
"엄니! 또 볼 수 있는 거제
오빠! 전쟁터에 나가면 죽는 거제."
마침내 절규로 가네

"암말 마라 암말 마라
가거들랑 너라도 잘 살그라잉."
마침내 까맣게 저미는
석이 가슴팍까지 훨훨 태워서 가네.

작품해설 오봉옥 시선집 『달팽이가 사는 법』

혁명적 낭만성의 情恨

黃 松 文
詩人 • 선문대 명예교수

　오봉옥 시인의 시세계를 단적으로 말하자면 단말마의 절규라 할 수 있다. 물론 이 외에도 정서의 토양에서 배태된 향토정서의 천진성이라든지, 능청스런 아이러니 등 몇 갈래의 흐름이 있지만, 주조를 이루는 것은 역시 치열한 절규라 하겠다. 『붉은 산 검은 피』라는 시집 이름만 보아도 섬뜩한 느낌이 들 정도로 비장의 농도가 이만저만 짙은 게 아니다.
　오봉옥 시인의 부친은 "상머슴 올아비사 농사가 제일 잉겨 밥이 제일잉겨 지 논 한 뙈기라도 있어 아들 나고 딸 나고 도란도란 살아보는 게 제일이었덩겨"(「분단풀이」)라고 표현한 바와 같이 소박한 꿈을 지녔으나 6·25 전란에 좌절되고 말았다. 양대 진영의 역사적 소용돌이에 휩쓸려 비극적으로 사라진 아버지의 존재확인과 한풀이, 해원의식이 '씻김굿'으로 표현되기도 한다.

　내가 고작 감옥문 한 번 두드린 사람이라면

> 엄닌 평생을 두고 두드렸던 사람입니다
> 말하자면 먼저 간 지아비 못 잊어
> 삼백 날을 꼭두새벽으로 일어나
> 비나이다 비나이다 이 목심도 가져가게 비나이다 하고
> 숫제 온몸으로 빌었던 사람이니까요.
> 　　　　　－「엄니와 감옥」 전문

 그의 시 「달팽이가 사는 법」에는 "나는 눈물 많은 짐승"이라는 말이 나온다. 그는 마치 들개처럼 퍼렇게 흐르는 강물을 목쇠게 짖고 있는 영상을 떠올리게 한다. 아버지가 끌려가고, 핏덩이 애기송장 묻힌 애장터 뼈를 물어 흔들며 강물을 목쇠게 짖는 듯한 들개의 착각에 빠질 지경이다.
 뉴 크리티시즘의 관점에서 본다면, 오봉옥 시인이 구사하는 詩語群만 살펴보아도 그가 어떤 시인이라는 것을 수월하게 알 수 있다. 그것은 울엄니, 지리산, 만주벌, 갈대꽃, 불꽃, 붉은 산, 검은 피, 핏빛, 붉은 피, 핏덩이, 애기송장, 뼛물, 미친년, 황토, 나 같은 것, 노랑, 눈물의 땅, 폐허의 눈, 옥밥, 옥문을 넘으며, 핏줄, 수산시장, 면회, 엄니와 감옥, 똥, 만경강, 제사, 강물에 띄운 검정고무신, 농군, 아프다, 모두 졌다, 죽음, 벼랑, 칼날, 알몸, 쇠붕알, 맨발, 술, 아비, 눈물바람, 씻김굿, 적막강산 등에 그 짙은 치열성이 선명하게 표로表露되어 있기 때문이다.
 이 낱말들을 시네 포엠의 빛깔과 점 또는 선으로 소리와 함께 영사映寫한다면 이 시인의 시세계에 접근할

수 있을 것이다.

그러나 오봉옥 시의 진면목은 역시 역사주의적 안목에서 파악하는 게 바람직하다고 본다. 그의 시는 역사적 사회적 피침성被侵性에서 나타난 저항정신에서 싹텄기 때문이다. 그 종자는 가해자에 향하는 증오로 나타나기보다는, 홍기興起와 자학自虐으로 나타난다. 혁명적 낭만주의 시인이 빼어든 칼을 스스로 자기를 찌르는 형국이다. 스스로 자기를 천시하고 학대하는 풍향은 오히려 자아성찰을 통해서 서정성을 담보하게 된다.

그가 빼어든 시의 칼로 피침의 원인자를 찌르지 못하고 자학하는 까닭은 식물성정신으로 초록세상을 꿈꾸는 '노랑'의 이념에 있다. 노랑은 그의 유토피아의 꿈꾸기다. 그의 '노랑'은 '붉음'과 '검은'에서 변전되어 나왔다. '붉음'과 '검은'이 모세의 율법이라면, '노랑'과 '초록'은 예수의 복음으로 비유할 수 있다. 역사적 사회적 과정 속에서 비로소 깨달음을 얻게 되었고, 시의 본질에 접근하게 되었다.

사회 현상을 자연현상에 작위적으로 결부시켜 만고불변의 진리인 것으로 믿게 하던 이념의 허상이 드러나기 시작하자 그의 시는 한동안 가려졌던 서정성을 되찾게 되었다.

여기에서 장영창 시인의 시 「어느 地域」을 상기하면서 오봉옥 시인의 시세계를 살펴보고자 한다. 일제日帝의 질곡이라는 식민지 치하에서 쓰여진 이 시는 다음과 같다.

太陽에/ 거울을 대지마라/ 어제 저녁엔/ 달빛이 오다가 죽더라.
　고양이가/ 바람을 먹는다.
　얼굴이 검은 어린 兒孩는/ 떨어진 걸레바지를 입고/ 대로 만든 활로/ 붉은 太陽을 쏘아 버렸다.

　장영창 시인은 시작詩作 노트에서 "어느 지역은 물론 우리 한국을 상징한 것"이라고 했다. 일제 때에는 한국이라는 이름으로 詩를 쓸 수가 없었다고 했다. 그만큼 우리들은 약했고, 불쌍했으며, 슬프고도 불운했던 얼굴이 검은 아이였다. 저고리가 없어서 떨어진 바지만을 입고 살아야 했던 불우한 소년이었다.
　달빛이 내려오다가 죽는 것같이 보이지 않을 수가 없었고, 야웅거리는 고양이가 바람조차도 미워 먹어 삼켜 버릴려는, 그러한 얄궂은 고양이같이 보이지 않을 수 없었다. 그러나 그 불우한 소년은 그냥 있을 수 없었다.
　불가피하게 대竹로라도 활을 만들어 가지고, 그 무엇을 표적하는 것이 아니라, 지구에다 생명의 빛을 내려 쪼이고 있으면서도, 유별히 우리나라에는 그 빛을 내려 주지 않는 것처럼 보이는 태양을 겨누지 않을 수가 없게 되었다.
　떨어진 걸레바지를 입고 대로 만든 활로 붉은 태양을 겨누는 장영창 시인의 시와, 달을 구름 벗겨진 하늘로 뻥 차올리는 오봉옥 시인의 시 「공놀이」와 흡사하다는 그 상사성相似性을 유추하지 않을 수가 없다.

한 아이가 학원도 가지 않고
달을 차고 논다.
발끝으로 톡톡 건드리다가
질풍처럼 몰고 가기도 하고
하늘 높이 뻥, 내지르기도 한다.
그 순간 달은 집으로 돌아갈까 하다가
저 혼자 노는 아이가 안쓰러워
다시금 풀밭에 통통통 떨어진다.
아이는 오늘
처음으로 세상의 주인이 되어
달을 차고 논다.
골키퍼가 되어 짐승처럼 웅크리기도 하고
페널티킥으로 실축한 선수가 되어
연신 헛발질하는 흉내를 내다가도
어느새 다시 골 넣는 선수가 되어
손가락으로 브이 자를 그리며
겅중겅중 춤추듯 걷는다.
어라, 언제 시간이 이렇게 되었지?
아이가 달을 숨겨놓으려는 속셈으로
공중으로 뻥 차올리자
구름 벗겨진 하늘이 그것을 날름 받아
시치미 뚝 떼고 하늘가에 내놓는다.

　　장영창의 시 「어느 지역」에 나오는 소년은 태양을 향해 활을 쏘는데, 오봉옥의 시 「공놀이」에 나오는 소년은 공을 차서 하늘로 쏘아 올린다. 이 두 편의 시 가운데, 활과 공이 향하는 방향의 공간은 하늘이다. 활은 태양을 향하고, 공은 구름 벗겨진 하늘로 향하는 차이가 있을 뿐, 그 의식의 풍향은 동일하다. 이 두 소년은 지극히 어려운 처지에서 지대한 꿈을 펼치고자 한다.

오봉옥 시인은 이 공놀이의 달을 차올림으로써 비로소 처음으로 세상에서 주인이 되어보는 꿈을 작품을 통해서 실현하게 된다. 이 시의 결구結句는 숨겨놓으려는 속셈으로 공을 공중에 뻥 차올리자 구름 벗겨진 하늘이 날름 받아서 하늘가에 내놓는다고 되어 있다.

여기에서 재미있는 내용은 "구름 벗겨진 하늘이 그것을 날름 받아 / 시치미 뚝 떼고 하늘가에 내놓는다."는 구절이다. 서정주의 시 「冬天」이 연상되는 구절이다. 「冬天」에서는 님의 눈썹을 맑게 씻어서 하늘에 심어놨더니 매서운 새가 그걸 알고 시늉하며 비껴간다고 되어 있다. 초현실적인 이 시는 독자의 상상에 맡기는 수밖에 없다.

여기에서 "그걸 알고" 시늉하며 비껴간다고 했는데, "그걸 알고"가 문제된다. 앞뒤 정황을 보면 이 시인이 님을 지극히 아끼는 줄 알고 채는 시늉만 할 뿐 비껴간다는 해석이 가능하다.

오봉옥 시인의 시 「공놀이」에서는 "구름 벗겨진 하늘이 그것을 날름 받아 / 시치미 뚝 떼고 하늘가에 내놓는다."는 구절이 문제다. 하늘이 왜 시치미를 뚝 떼고 그것을 날름 받아 챙겼을까. 「冬天」식으로 해석하자면, 이 소년이 달을 차고 노는 꿈을 갸륵하게 여겨서 챙겨준다는 해석이 가능하다. 지성이면 감천이라는 의식이 시인 내부에서 작용했을 가능성이 엿보이기 때문이다.

나도 한때는 눈물 많은 짐승이었다. 이슬 한 방울도 누군가의 눈물인 것 같아 쉬이 핥지 못했다. 하지만 햇살이 떠오르면 숨어야만 하는 존재로 태어났다. 어둠 속에 갇혀 홀로 세상을 그려야 하고, 때론 고개를 파묻고 깊숙이 울어야만 한다. 전생에 무슨 죄를 지어 그런 천형의 삶을 살고 있는 것인가. 등에 진 짐이 너무도 무겁다. 음지에서, 뒤편에서 몰래몰래 움직이다 보면 괜시리 서럽다는 생각이 들고, 괜시리 또 세상에 복수하고 싶어진다. 난 지금 폐허를 만들고 싶어 당신들의 풋풋한 살을 야금야금 베어 먹는다.
― 「달팽이가 사는 법」

하고많은 사물들 가운데 왜 하필이면 달팽이를 소재로 선택했을까? 오봉옥 시인의 의식세계에 '달팽이'의 요소가 내재해 있기 때문이다. 달팽이는 야간에 주로 활동하며 숨기를 잘하는 음지식물 같은 성질을 지니는데, 오봉옥 시인의 경우, 정의감이 치열하여 군사정권 시절에 혹독하게 곤욕을 치른 기억의 잔상과 무관하지 않다는 점이다.

그는 달팽이처럼 숨어야 했고, 어둠 속에서 홀로 세상을 그려야 했으며, 때로는 처절하게 울어야 했다. 우리 사회와 민족을 생각하는 그의 짐은 너무도 무거울 수밖에 없었다. 음지에서, 뒤편에서 몰래몰래 움직이다 보면 서럽다는 생각이 든다고 했는데, 이는 이 시인이 달팽이라는 사물을 차용하고 빙자해서 실은 자신의 내면세계에 도사리고 있는 소회를 피력한다고 보는 게 타당하다.

책들은 계속 내동댕이쳐지고 있더구나,
한때는 핏방울처럼 뜨거웠던 자식들
한때는 칼날처럼 날카로웠던 자식들
고물상은 자질구레한 이삿짐을 올리듯이
표정도 없이 트럭 위로 내던지고 있더구나.
잊혀진 늙은 혁명가며
이른 나이에 요절한 작가며
어제의 나를 동여맨 눈붉은 전사들이
장작더미 쌓이듯이 쌓여만 가고 있더구나.
이제 누가 있어 나를 긴장시킬 것인가.
그 시퍼런 눈들 사이로 잠시 돌아가
나를 후려치고 올 수도 없는 일.
바닥에 흘린 책 한권을 들어 올리자니 울컥,
참고 참았던 눈물이 쏟아지더구나.
굴속에 숨어든 빛,
난 그 밧줄을 잡고 예까지 왔으니.
'새 책도 많네요',
숫눈 같은 책들이 쓸려가는 것을 보면서 또 마음에 걸리더구나,
내가 찍은 고단한 발자국도 행여 그럴 것만 같아서.
―「책」

   오봉옥 시인은 아끼던 책을 차에 실어 보내면서 거기에 내포된 특별한 사연들을 단적으로 펼쳐 보여주고 있다. 거기에는 온몸을 던져 투신했던 시절의 인연들이 집약되어 있다. 마지막 결구, "내가 찍은 고단한 발자국도 행여 그럴 것만 같아서"는 자신의 책도 이처럼 누군

가에 의해서 실려 갈 것만 같은 기우를 내비친다.
 앞에서 살펴본 「달팽이가 사는 법」이나 이제 살핀 「책」은 혁명적 낭만성의 좌절을 나타내고 있다. 그러나 「노랑」과 「극락에 계시다」는 새로운 흥기興起를 보인다.

> 시작은 늘 노랑이다. 물오른 산수유나무 가지를 보라. 겨울잠 자는 세상을 깨우고 싶어 노랑별 쏟아낸다. 말하고 싶어 노랑이다. 천개의 입을 가진 개나리가 봄이 왔다고 재잘재잘, 봄날 병아리떼 마냥 종알종알, 유치원 아이들 마냥 조잘조잘. 노랑은 노랑으로 끝나니 노랑이다. 바람도 없는 공중에 보이지 않는 손이 있어 잠든 아이를 내려놓듯이 노랑꽃들을 내려놓는다. 노랑을 받아 든 흙덩이는 그제야 발가락을 꼼지락거리며 초록으로 일어나기 시작한다. 노랑이 저를 죽여 초록 세상을 만든 것.
>   - 「노랑」

 제목도 창작인데 왜 '노랑'이라는 관념어를 썼을까 하는 의문부터 가지게 되었었다. 뒤로 읽어가면서 알게 되었는데, 이 시는 노랑에서 초록으로 진화 발전하는 과정을 색채감각으로 그려내고 있다. 노랑과 초록의 뒤에는 흥기를 도모하는 이념이 작용하고 있음을 알 수 있다. 노랑이라는 연역을 던져놓고 산수유, 개나리, 병아리, 유치원 아이 등을 귀납해 가는 형식이다. 결국 이념이 버티고 있는 주제의식은 노랑이 자신을 죽여 초록 세상을 만들어 간다는 발견이다. 그래서 평범한 '노랑'이라는 제목이 비범한 잎과 날개를 달고 초록으로 일어나게 된다.

노인 두엇 차에 올라 기사 양반이 젊네그려, 얼굴 한번 환하네그려, 알랑방구 뀝니다
　　기사 양반 입 쫘악 찢어지더니 구부렁 시골길 잘도 미끌어집니다
　　할 말 다 한 노인들 지그시 먼 산 바라봅니다 아무렇게나 금 그어놓은 다랑논이 아이들의 뒷마당이 되어 스쳐갑니다.
　　어느새 그 눈길 깊어져 저 세상 너머에 가 닿습니다 이 저 세상이 다 극락입니다
　　　　　　　　　　 ―「극락에 계시다」

　순후한 노인의 긍정적인 시선을 통해서 극락이라는 개념을 창출하고 있다. 이 두 편의 시는 긍정적인 흥기를 밝은 빛깔로 나타내고 있다.

　　아름다운 것은 언제나 가슴에 있다.
　　외로우면 외로울수록 가슴에 박아둔 기억을 꺼내
　　불씨를 지펴보자. 다섯 살배기 난
　　원투, 원투, 원투, 젊은 아비의 손바닥에
　　원투 스트레이트를 날리고,
　　젊은 아비는 아비대로 손바닥을 호호 호호 불며
　　엄살을 떤다. 그 곁에서 젊은 엄니는
　　밥이나 멕이고 또 놀아유, 므훗므훗 웃는다.
　　살아있는 것은 언제나 가슴에 있다.
　　오늘도 그곳에선 어둑발 내리고
　　젊은 엄니가 날 부르는 소리 담을 타고 넘는다.
　　　　　　　　　　 ―「외로울 때는」

평범한 제목이지만, 비범함이 감춰 있는 시다. 이 시는 오봉옥 시인의 심저 암층에서 비로소 분출한 시라 하겠다. 그의 시에는 어두운 시대의 상처가 있고 그 상처를 치유하고자 하는 극복의지가 있다. 그 상처는 개인적인 아픔인 동시에 역사적 아픔이라는 입체성을 띠고 있다. 그래서 그의 시는 어둠에서 밝음을 지향하고, 혁명적 낭만성을 접고 순수한 삽화를 그려나간다.

참여의식이 강한 그의 시가 섬세한 언어미학을 어떻게 견지하는가가 의문시되었었는데, 앞에서 살핀「외로울 때는」을 통해서 심저 암반 속에 내재되어 있는 물줄기에서 해답을 얻게 되었다.

오봉옥 시인의 가장 행복했던 시간은 아버지가 스파링파트너가 되어주던 유년시절이다. 그의 유년은 본연의 서정적 자아의 세계다. 더 할 나위 없이 지극한 사랑과 행복의 시간이다. 그러나 그 시간은 지극히 짧은 시간이었다. 영속되지 못한 채 상처를 입게 되었고, 치유의 과정이 필요했다.

기계처럼 살아왔으니 고장이 날만도 하지. 기름칠 한번 없이 돌리기만 했으니 당연한 일 아닌가. 이제 와서 닦고 조이고 기름칠한들 무슨 소용이 있나. 내 몸 곳곳의 나사들은 붉은 눈물을 줄 줄 흘릴 뿐이네. 필사의 버티기는 이제 그만, 급기야 나사 하나를 바꿔볼까 궁리하네.
　　　　　　　　　　　　　－「나를 만지다」중 일부

이상이 있는 장기를 기계 부속품으로 환치하고 있다.

그의 시가 자연발생적인 듯하면서도 매력이 살아나는 까닭은 환치능력에 있다. 평범한 서술이 비범하게 되는 까닭은 주제에 적합한 소재를 취사선택하여 적재적소에 배치하는 환치능력에 있다는 것은 시 「노랑」에서도 두드러진다. 노랑에서 초록으로의 변화과정은 산수유, 개나리, 병아리, 유치원 아이뿐 아니라 노랑과 초록이 지니는 정서와 이념까지 내포되어 있다는 점을 눈치채게 된다.

오봉옥 시인의 시가 초기의 시집들, 가령 『지리산 갈대꽃』(창작과 비평사, 1988), 『붉은 산 검은 피』(실천문학사, 1989), 『나 같은 것도 사랑을 한다』(실천문학사, 1989) 등에 비하여 『노랑』이 이전 시집과 달라진 게 있다면 하나의 주제 및 소재에 집착하던 모습에서 탈피하여 한층 더 다채로운 세계를 보여주고 있다는 점이다. 거칠게 드러나던 직정언어의 세계에서 벗어나 절제된 언어 감각을 선보이고, 동화적 상상력을 동원하는가 하면 풍자나 해학미도 선보인다. 시집 『노랑』에서는 죽음을 노래한 시편도 많다. 북녘의 아이들을 향한 안쓰러운 시선 등 소외받고 버림받은 존재자들의 구체적 생애와 감각이 선연한 물질성을 가지고 나타난다. 이전 시집과 공통점이 있다면 이 동시대를 향한 따뜻하고도 지속적인 시선이다. 하지만 어떠한 경우라 해도 돋보이는 점은 근저에 깔린 사상과는 별개로 편편이 서정의 사금으로 반짝이고 있다는 점이다. 지은이의 심저 암반 속에 샘솟을 유년의 그 서정적 자아를 지속적으로 살려내게 되면 한

결 편안함을 주는 밝은 시가 생산될 것을 믿어 의심치 않는다.

이 시선집은 오봉옥 시인이 그동안 발표해온 네 권의 시집에서 정수를 뽑아내어 역순으로 정리하였다. 제1장은 시집 『노랑』에서 뽑았고, 제2장은 『나 같은 것도 사랑을 한다』에서 뽑았으며, 제3장은 『지리산 갈대꽃』, 그리고 제4장은 『붉은 산 검은 피』에서 선택하였다.
오봉옥 시인은 시집 『지리산 갈대꽃』 후기에서 다음과 같이 쓰고 있다.

> 우리네 아버지라 하면 우선 이런 생각이 납니다. 바지게에 나무 한짐 휘영청 지고 바알간 석양을 뒤로 한 채 푸른 들에서 소를 몰고 끈덕끈덕 돌아오는 흰옷 입은 사람 말입니다. 그런데 이러한 모습이 그냥 온화한 모습이거나 한의 모습으로만 비쳐지지는 않습니다. 왠지 푸른 들과 흰옷이, 누런 소와 바알간 석양이 대치되는 듯 일치하고 일치되는 듯 대치하는 것이 그냥 그런 모습으로만 끝나게 하질 않습니다. 오히려 자극적이면서 무언가 도사리는 무엇으로 남게 합니다. 절망에서 분노로, 어둠에서 밝음으로 나아가고자 하는 강한 의지가 담겨 있는 것 같습니다. 푸른 들 가운데 흰옷이 날리고 붉은 석양을 받은 누런 소가 마치 성난 소의 모습을 안으로 도사리고 있는 듯이 보이는 것은, 자연과 세상만사를 극복하려는 인간의 동력 그 자체를 나타내게 합니다.

그는 여기서 아버지의 모습을 역사의 핏빛 빛깔을 농부의 석양과 대비하면서 그런 비극 속에서도 아름다운 영상으로 재구성하고자 한다. 그리하여 그의 후기를 읽기보다는 한 편의 진솔한 시를 읽는 느낌을 받게 된다.
유성호 교수는 시집 『노랑』의 해설에서 다음과 같이 갈파하고 있다.

> '역사적 상처'에서 여전히 발원하면서도, 일상적 국면의 구체성과 언어미학적 섬세함을 혼연히 결속하여 이루어낸 시대의 선명한 풍경첩이다. …… 시인이 오랫동안 경험해온 사실적 삽화와 함께, 삶의 고단함과 어둠함을 발견하고 치유하려는 그만의 감각과 열정이 깊이 숨겨져 있다고 할 수 있다. …… 그의 시편에는 일상적 국면이 구체적으로 드러나는 '현실'의 감각도 많이 녹아 있지만, 자신과 더불어 한 세상을 살아온 이들에 대한 '기억'의 책무를 다하는 시편들도 적지 않다.

여기에서 주목되는 말은 "역사적 상처"와 "언어미학", 그리고 "기억의 책무"라는 구절이다. 자신과 더불어 한 세상을 살아온 이들에 대한 기억의 책무인 것이다. 역사적 상처에는 반발과 저항, 증오로 표현되기 쉬운데, 오봉옥 시인의 시에서는 언어미학으로서의 서정성을 담보한다.
신석정 시인은 「詩精神과 參與의 方向」(『文學思想』 창간호, 1972.1. 238~239쪽)이라는 글을 다음과 같이 썼다.

일전 어느 신문에선가 李東柱 시인은 시월평에서 『使徒行傳』(박두진)을 다루면서 "현실참여는 행동으로 하고, 詩는 純粹抒情詩로 써야 한다"는 그 시인 나름의 지론을 써놓은 대문을 읽었는데 『使徒行傳』은 바로 시인 박두진의 행동이 아니고 무엇이겠는가? 시인에 있어서의 행동이란 바로 작품 활동을 하는 것이라고 나는 생각한다. 순수 서정시를 쓰건 참여시를 쓰건 그것은 그 시인의 가장 구체화된 행동임에 틀림없다. '참여는 행동으로' 라면 에즈라 파운드처럼 무솔리니를 지지하는 방송을 해야만 행동이고, 작품을 통해서 反유태인주의를 부르짖는 것은 행동이 아니라는 말인가? 작품 활동 역시 무솔리니 지지 방송과 추호도 차등을 둘 수 없는 행동임에 틀림없다. 『使徒行傳』이 참여시라면 그것도 바로 朴斗鎭이 참여하는 행동인 것은 자명한 일이다. 아무리 생각해도 참여시를 사갈시蛇蠍視하는 저변底邊에서 나는 경솔한 독단이 아닐른지……나는 抒情詩를 반대하자는 것도 아니요, 반대할 아무런 이유도 없다. 그러나 '純粹 抒情詩'란 전연 참여성을 제거한 음풍농월吟風弄月을 의미한다면 문제는 달라진다.

이와 같이 신석정 시인은 사회적 또는 행동적 참여만이 참여가 아니라 작품 활동도 현실 참여라고 설파하고 있다. 안도현 시인은 시집 『나 같은 것도 사랑을 한다』 발문(좌절 끝에 되찾은 서정)에서 "오봉옥의 발걸음은 현실을 건드리는 쪽으로 가지 않고 현실을 갈아엎는 쪽을 택하고 있다."고 했는데, 이런 행동적 현실 참여는 좌절하기 마련이다. 시인은 현실적으로 나약한 존재이기 때문이다.

> 아프다, 나는 쉬이 꽃망울을 터트렸다
> 한 때는 자랑이었다
> 풀섶에서 만난 봉오리들 불러모아
> 피어봐, 한번 피어봐 하고
> 아무런 죄도 없이, 상처도 없이 노래를 불렀으니
>
> 이제 내가 부른 꽃들
> 모두 졌다
>
> 아프다, 다시는 쉬이 꽃이 되지 않으련다
> 꽁꽁 얼어붙은
> 내 몸의 수만 개의 이파리들
> 누가 와서 불러도
> 죽다가도 살아나는 내 안의 생기가
> 무섭게 흔들어도
> 다시는 쉬이 꽃이 되지 않으련다.
> ― 「꽃」 전문

현실을 갈아엎는 쪽을 택한 이 꽃은 하루아침 된서리를 맞고 시들 수밖에 없었다. 학생시절부터 행동에 나선 그는 열심히 불러 모은 어린 꽃들과 함께 지고 말았다. 그러나 그가 추구한 현실을 갈아엎는 쪽은 불가능한 일이지만, 신석정 시인의 지론대로 그는 시의 꽃을 피우게 되었다. 그것도 순수와 참여를 동시에 아울러서.

그의 참여시에는 순수가 있고, 그의 순수시에는 참여가 있다. 太極과 無極은 둘이면서 하나이고, 하나이면서 둘이듯이 이 양면성은 시의 본질을 찾아가는 정도라 하겠다.

    설사도 똥이라고 석삼년을 누다 보니
    이 몸으로 무얼 하겠나 싶은 게
    내리내리 부끄러웠거늘
    오늘에야 누런 똥 누고 보니
    옹골지구나 그놈
    날 닮아 어미 속 어지간히 끓인 놈
    속이 다 타서 없어지것시야 할 때까지
    속 썩인 놈.
                   - 「똥」 전문

    할머니는 쌍것이었다
    논이 되어 밭이 되어 허리 구부리고
    살았을 뿐
    시집은 시집이어서 하자는 대로
    살림은 살림이어서 하자는 대로
    절대로 쌍것인갑다, 여자인갑다 했을 뿐
    "그건 안되겠어라우" 한마디 못하셨다
    하긴 전쟁터에 지아비 보낼 때도
    곧 오마 하는 소리 들었을 뿐
    감히 나가볼 생각 못했다
    하긴 혼자되어 깔 비고 손 비고
    똥장군까지 질 때에도
    감히 재가는 꿈도 꾸지 못했다

할머니는 여자였다 죽어도 여자였다
하나 있는 손녀 시집가는 길 위에서
오늘도 "남편 말에 복종 잘하고…" 하신다
두 번 세 번 눈물 찍으며 당부하신다.
　　　　　　　－「할머니」전문

　앞의 시 「똥」은 자신의 이야기요 그 다음의 시는 할머니의 이야기다. 오봉옥 시인은 일찍이 학창시절부터 진보적인 사회활동을 하면서 많은 사람에게 영향을 주었다. 그가 사서 고생을 하는 동안에 육체는 망가질 대로 망가져서 똥다운 똥을 싸보지 못하다가 마침내 옹골찬 똥을 싸게 되어 '똥'이라는 시를 낳게 되었다. 「할머니」라는 시에서는 남녀 차별에 대해서 에두른 방법이지만 엄혹하게 비판하고 있다. 이와 같이 오봉옥 시인은 기술적 조합으로 언어를 조형하기보다는 온몸을 던져서 혼신으로 시를 쓰는 정열 덩어리라고 말할 수 있겠다.
　오봉옥 시인의 색채의식은 붉은 색赤과 검은 색黑과 노란 색黃이 주조를 이루고 있다. 그것은 열정과 불안, 안식과 사회악, 안전과 질병 등으로 가름할 수 있는 긍정과 부정, 이 양면의 요소를 머금고 있다. "나는 지금 붉은 딱지로 사형 날짜 앞두고도 오히려 면회 온 엄니부터 위로하셨다는 그 옛적 아비가 무지무지 보고 싶다."고 그의 시 「면회」에서 피력하고 있다.
　그의 시에서는 "나를 버려야 내가 살 것 같은"이라는

표현이 여러 차례 등장한다. 처음의 '나'는 과거의 나요, 뒤에 나오는 '나'는 현재의 나를 가리킨다. 과거의 나는 눈물 많은 짐승으로서 세상에 복수하고 싶은 나였다. 그러나 그것은 계란으로 바위 치기하는 형국이기 때문에 자기만 망가지게 마련이다. 그 말이 세 차례나 나오는 까닭이 어디에 있을까.

붉은 색과 검은 색의 상처가 시어詩語의 피가 되고 살이 되었다. 노랑을 통해서 초록의 서정성이 살아나게 된 것이다. 집단적 상상력을 줄기차게 추구하던 그의 시가 개인적 상상력 쪽으로 무게중심을 옮김으로써 자아성찰의 서정성이 살아나게 된 것으로 보인다. 『지리산 갈대꽃』과 『붉은 산 검은 피』 등 초기 시가 집단적 상상력을 추구하던 작품이라면, 『나 같은 것도 사랑을 한다』와 『노랑』 이후의 시는 개인적 상상력 쪽으로 물길을 돌리고 있음을 알 수 있다. 이 시인은 실로 고통스러웠겠지만 시의 본질에 접근한다는 점에서 경사가 아닐 수 없다.

아내가 누렇게 뜬 얼굴로
죽은 아이를 낳았습니다
뜨다 만 눈을
울음소리 한번 없이 다문 그 작은 입술을
죽어라고 낳았습니다
세상에 이럴 수가
아내의 눈을 보니
보일 듯 말 듯 어두워만 가는

산기슭 같은 데서
홀로 서 있는 것 같았습니다.
　　　　　　－「아내의 눈」 전문

  이 시에서 가늠할 수 있는 바와 같이 오봉옥 시인은 고난을 통해서 인생을 빨래해왔다. 그리고 인생의 빨래를 통해서 독자에 감동을 줄 수 있는 서정시를 생산하게 되었다. 그는 철저하게 어제의 나를 버리고 오늘의 나를 세우고자 진력했다. 그 결과 서정성이 살아나는 시를 탄생하게 되었다. 결국 고난을 통과하지 않고는 예술도 완성할 수 없다는 진리에 접근하게 되었다고 볼 수 있다. 고난을 통한 눈물의 빵의 가치가 살아나는 듯하다. 강물을 목쉬게 짖는 들개의 울부짖음을 배경으로…….

오봉옥 시선집 달팽이가 사는 법

초판인쇄 2013년 1월 16일
초판발행 2013년 1월 21일
지 은 이 오봉옥
발 행 인 황송문
펴 낸 곳 문학사계
주   소 서울특별시 영등포구 문래6가 56-1
          미주프라자 B1 102호
전   화 070-8845-9759
          (010)2561-5773
팩   스 (02)2676-9759
이 메 일 songmoon12@hanmail.net
등   록 2005년 9월 20일
          제318-2007-000001호

값 7,000원
ISBN 978-89-93768-29-9 03810

배포처 자유문고 (02)2637-8988